LA HIPER SEXUALIZACIÓN DE LA SOCIEDAD

JUAN VARELA

LA HIPERSEXUALIZACIÓN DE LA SOCIEDAD

CÓMO LLENAR TU VACÍO INTERIOR Y SUPERAR LA SOLEDAD

WHITAKER
HOUSE
Español

LA HIPERSEXUALIZACIÓN DE LA SOCIEDAD

Cómo llenar tu vacío interior y superar la soledad

Edición: Henry Tejada Portales

ISBN: 979-8-88769-481-8
eBook ISBN: 979-8-88769-482-5
Impreso en Estados Unidos de América
© 2025 por Juan Varela

Whitaker House
1030 Hunt Valley Circle
New Kensington, PA 15068
www.espanolwh.com

Por favor, envíe sugerencias sobre este libro a: comentarios@whitakerhouse.com.

1 2 3 4 5 6 7 8 9 10 11 **W** 32 31 30 29 28 27 26 25

CONTENIDO

PARTE II: LA SEXUALIDAD A LA LUZ DEL DISEÑO INTELIGENTE

1. LA DIMENSIÓN PLENA DE LA SEXUALIDAD (LA SOLUCIÓN)   105

2. CARTERA DE RECURSOS Y MATERIAL DE APOYO 165

PRÓLOGO

Recomendar una obra no es simplemente poner tu nombre en unas páginas, es compartir una convicción profunda. Por eso, cuando Juan Varela me habló del contenido de este libro, no solo sentí la urgencia del tema, sino también el peso espiritual que conlleva. "La hipersexualización de la sociedad" no es una moda pasajera que incomoda a algunos sectores conservadores, es un síntoma profundo de una humanidad desconectada de su Creador, de su propósito y de su diseño original.

Vivimos tiempos donde lo artificial ha reemplazado lo auténtico, lo inmediato ha desplazado lo eterno, y lo superficial ha distorsionado lo sagrado. Esta cultura nos vende una imagen de placer y libertad, pero nos deja más vacíos, más heridos, y más solos que nunca. La hipersexualización es mucho más que una sobreexposición a estímulos sexuales, es una deformación del diseño original. Nos han hecho creer que somos cuerpos que ocasionalmente tienen un alma, cuando en realidad somos espíritu, alma y cuerpo con el mismo nivel de importancia.

El propósito de la creación siempre ha sido la comunión. Todo comenzó con una familia en el jardín del Edén, en íntima relación con Dios, y todo terminará con una familia redimida de todas las naciones, reinando para siempre con Él en la Nueva Jerusalén. Entre esos dos puntos, el pecado entró en la historia, distorsionó el diseño y pervirtió lo puro. Perversión no es solamente inmoralidad, es tomar una verdad y deformarla, alejarla de su propósito primario. Esto es lo que ha ocurrido con la sexualidad original. Perdimos la verdadera intimidad cuando perdimos la presencia, y en esa ausencia, la humanidad comenzó a buscar reemplazos, sustituyendo la comunión con Dios por placeres bajos e inferiores, momentáneos y efímeros. Llenamos el vacío espiritual con estímulos físicos, pero ningún placer carnal puede llenar un vacío que solo el Espíritu puede habitar.

Es aquí donde entra el mensaje central de este libro: más que religión, Jesucristo vino a enseñarnos a ser "humanos" conforme al diseño original. Este diseño incluye nuestra sexualidad, nuestras emociones y sentimientos, nuestros cuerpos. Dios no creó el placer para negarlo, sino para ordenarlo. Por ello la sexualidad no solo no es pecado, sino que es santa y pura, el pecado es vivirla fuera del plan y propósitos de Dios, pues como dice 1 Tesalonicenses 5:23: *Y el mismo Dios de paz os santifique por completo; y todo vuestro ser, espíritu, alma y cuerpo, sea guardado irreprensible para la venida de nuestro Señor Jesucristo.*

Los límites de Dios no son para reprimirnos, sino para preservarnos, y aun para dignificar la sexualidad en el marco para el cual Dios la creó. Dentro de estos límites protectores, el placer es más intenso, más sano y más duradero, pues no está contaminado por la culpa, la soledad, la vergüenza o la manipulación.

Dios no solo quiere salvar nuestras almas, quiere restaurar nuestra humanidad integral.

Este libro es mucho más que un análisis cultural. Es una llamada a volver al principio, a reencontrarnos con el verdadero placer de la intimidad con Dios y la sexualidad redimida. Sexualidad que sana nuestras heridas, restaura nuestra identidad y reordena nuestros afectos y deseos. Porque todo placer sin Dios es momentáneo y efímero, pero el placer diseñado por Dios es sólido y está ligado a la intimidad sexual, pues como dice el autor "podemos vivir sin sexo pero no sin intimidad".

Y mientras nos acercamos al final de los tiempos, más que nunca necesitamos recuperar la visión escatológica: no fuimos creados para consumir placeres, sino para reflejar la gloria de Dios con nuestro cuerpo, alma y espíritu, y como "beneficio colateral" encontramos el placer ordenado por Dios. La historia terminará con una boda: el Cordero y su Iglesia. Hoy somos invitados a ser parte de esa Iglesia gloriosa sin mancha y sin arruga, que incluye una radicalidad en la pureza y en la santidad que nunca pasa de moda. Que este libro te ayude a prepararte.

Gracias, Juan Varela, por levantar tu voz con sabiduría, ciencia y verdad. Que esta obra despierte corazones, sane mentes y libere a una generación para vivir la sexualidad conforme al diseño eterno de Dios.

Marcos Brunet

PARTE I

LA SEXUALIDAD A LA LUZ DE UN MUNDO EN TINIEBLAS

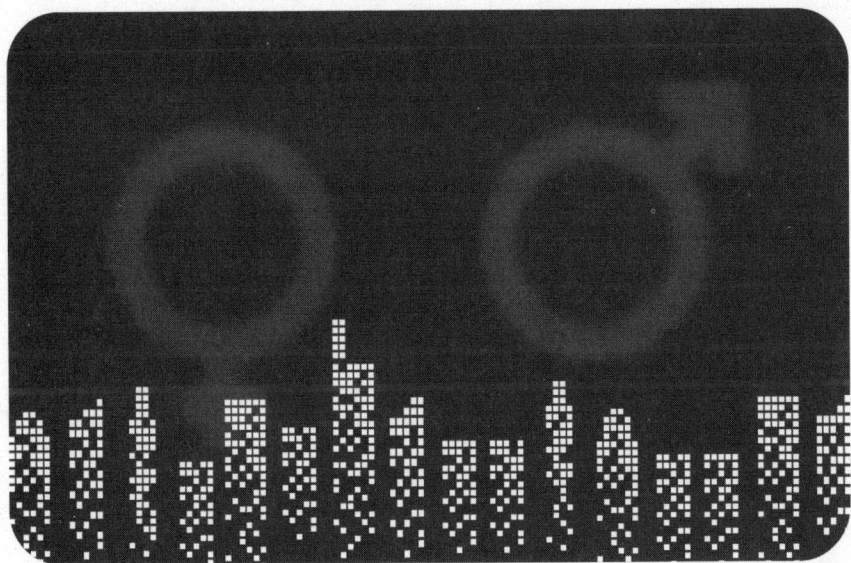

1

LOS ORÍGENES DE LA SEXUALIDAD (LA RAÍZ)

INTRODUCCIÓN

Vivimos inmersos en una sociedad que transita desde un mundo líquido hacia un entorno gaseoso caracterizado por la fragilidad y la volatilidad, donde hemos roto los diques de todo lo normativo y predecible, y como consecuencia las aguas se desparraman sin control. Este tsunami existencial arrastra y salpica una de las áreas más profundas y vulnerables en el ser humano: nuestra sexualidad. Se trata de una fuerza poderosa que, privada de un marco ético que la regule, deja a merced de los instintos y pasiones un asunto que va mucho más allá del plano físico. De acuerdo con la Organización Mundial de la Salud (OMS): "La sexualidad es un aspecto central del ser humano, presente a lo largo de su vida. Abarca al sexo, las identidades y los papeles de género, el erotismo, el placer, la intimidad, la reproducción y la orientación sexual. Se vivencia y se expresa a través de pensamientos, fantasías, deseos, creencias, actitudes, valores, conductas, prácticas, papeles y relaciones interpersonales. La sexualidad puede incluir todas estas dimensiones, no obstante, no todas ellas se vivencian o se expresan siempre. La sexualidad está influida por la interacción de factores biológicos, psicológicos, sociales, económicos, políticos, culturales, éticos, legales, históricos, religiosos y espirituales".[1]

Hablamos de hipersexualización para referirnos a la banalización y a la exaltación exagerada de los atributos sexuales en el ser humano, en detrimento de otras cualidades de la personalidad que quedan supeditadas a la tiranía de los deseos e instintos junto con la explotación de estos. La sexualidad es la dimensión central de la persona, abarca todos los aspectos de nuestro ser como son espíritu, alma y cuerpo. Cuando no somos capaces de canalizar semejante potencial, este se convierte en un caballo desbocado, en una fuerza destructora que, manipulada por oscuros intereses comerciales y aún por poderosas fortalezas en el plano espiritual, atrapa a sus víctimas en una red de la que nadie se escapa, y que va desde la manipulación de la infancia bajo una sensualidad potenciada por las redes sociales, pasando por la banalización de las relaciones sexuales a las que se priva de los conceptos de fidelidad y compromiso, hasta llegar al azote de la pornografía, la esclavitud sexual y la trata de seres humanos.

---

1. Declaración de la OMS 2006.

Al respecto, Hunley apunta: "La importancia del sexo siempre ha residido en su poder que actúa en la sociedad por su vínculo con la procreación. Actúa en el individuo influenciando sus motivaciones y lo empuja a los actos más bellos o a las peores infamias. Se trata también de un terreno donde las fuerzas dispares entre las personas llevan al abuso y a la violencia. Si las sociedades han puesto siempre normas a la sexualidad es porque han reconocido su inmenso poder".[2]

LA SEXUALIDAD ES LA DIMENSIÓN CENTRAL DE LA PERSONA, ABARCA TODOS LOS ASPECTOS DE NUESTRO SER COMO SON ESPÍRITU, ALMA Y CUERPO.

La depravación de la sexualidad tiene su máximo exponente en la cultura de la pornografía y la trata, que junto con el comercio de armas y el tráfico de drogas, son los negocios con mayor rentabilidad del planeta. Estamos ante un problema de dimensiones sistémicas, y por ello queremos aportar nuestro granito de arena para que este trabajo ofrezca una comprensión de la magnitud del problema de la hipersexualización de la sociedad, que ofrezca también herramientas para abordar sus muchas consecuencias y se constituya en un acicate que a todos nos abra el apetito de seguir buscando respuestas, soluciones y, sobre todo, crear un perímetro defensivo para saber defendernos y defender a los más vulnerables, nuestros hijos, que viven una infancia robada. Una infancia a merced de las imposiciones de

---

2. Jonathan Hanley, *Sexo y deseo*, Andamio, 2012, p.39.

la moda y un empoderamiento que se nutre de la estética como bien supremo, que olvida la ética y los valores de la persona.

Partimos de la realidad de una sociedad hipersexualizada en todos los ámbitos del desarrollo humano (arte, ciencia, biología, infancia, educación, moda, publicidad, relaciones humanas, etc.), y nos preguntamos cómo hemos llegado a tal tergiversación de una realidad, la sexualidad humana, que comprende la parte más íntima, poderosa y vulnerable de una persona. Este libro nace con la pretensión de esclarecer el origen de la sexualidad, analizar cómo se ha resquebrajado su noble vasija a lo largo de la historia, y proponer claves para una sexualidad con propósito donde sepamos descubrir a la luz del Diseño Inteligente su profunda conexión con el concepto pleno de la intimidad y su poderoso vínculo entre deseo y ternura.

1.1 LA SEXUALIDAD EN LA EDAD ANTIGUA Y MEDIA

MITOLOGÍA DE LA SEXUALIDAD: LEYENDAS Y RELATOS

La sexualidad es una mezcla de factores biológicos, psicoafectivos y culturales que se encuentra profundamente vinculada a la parte más íntima y vulnerable del ser humano. Es una poderosa corriente que influencia la vida de las personas, quedando ligada a su intimidad más profunda, a la esencia misma de su naturaleza, y provoca que su expresión dentro del imaginario popular permee las culturas y tradiciones folclóricas alrededor del mundo. Así, no solo es un elemento creador de vida y placer, sino también de conexión con lo divino, pues cuenta con toda clase de representaciones, mitos y leyendas a lo largo de la historia, donde prácticamente la totalidad de pueblos y culturas poseen deidades relacionadas con el amor y la pasión, evidenciando así el poder seductor e irresistible del deseo humano y su trascendencia.

La relación entre sexualidad y mitología es un tema profundo y complejo que ha fascinado a las sociedades a lo largo de la historia de las culturas y de la antropología. Según los relatos mitológicos en esta diversidad cultural que hablamos, la sexualidad se entrelaza con los mitos sobre la creación, el tránsito entre lo profano y lo divino, junto con la expresión de deseos y tabúes en el alma humana. Al mismo tiempo, la sexualidad en la mitología también está vinculada a la fertilidad y la creación, pues en muchas culturas antiguas se creía que los dioses tenían el poder de influir en la fertilidad de la tierra, los animales y los seres humanos, a través de una sexualidad seudosagrada plagada de rituales y esoterismo.

> LA SEXUALIDAD SE ENTRELAZA CON LOS MITOS SOBRE LA CREACIÓN, EL TRÁNSITO ENTRE LO PROFANO Y LO DIVINO, JUNTO CON LA EXPRESIÓN DE DESEOS Y TABÚES EN EL ALMA HUMANA.

Por ello en muchos de los relatos universales, la raza humana y las divinidades superiores están estrechamente asociadas con lo erótico, el deseo y el poder. Estas uniones proyectan una combinación que transita entre extremos tan opuestos como la lujuria y el deseo irrefrenable por un lado, y la trascendencia espiritual y el amor sublime por el otro. Es por ello que la expresión de la sexualidad se nutre de estas creencias, relatos místicos y tabúes ancestrales, creando narrativas que reflejan sus anhelos más profundos en una ambivalencia de amor, odio, deseo y control, ternura y violencia, carnalidad y espiritualidad.

Además de la raza humana y la divina, la expresión de la sexualidad se extiende al reino animal, y así las leyendas populares están llenas de criaturas y seres mitológicos que encarnan aspectos específicos de la sexualidad humana bajo representaciones de seres híbridos, como el minotauro, un ser con cuerpo humano y cabeza de toro; o al revés, como el centauro, una criatura con cuerpo de caballo y cabeza de hombre. Y, por supuesto, qué no diríamos de las sirenas, seres míticos con atractivos torsos femeninos y extremidades en forma de cola de pez, que representaban la tentación sexual y el peligro que podía traer consigo el deseo descontrolado y la pasión como elemento dominante en los seres vivos de toda la creación.

Es importante destacar que estas figuras míticas reflejan aspectos profundos de la naturaleza humana y nuestras propias fantasías sexuales, más allá de las limitaciones sociales o morales impuestas por cada cultura. Son manifestaciones simbólicas de distintas expresiones sexuales, presentes en la práctica totalidad de las tradiciones folclóricas alrededor del mundo; distintas figuras mitológicas del reino humano, animal o divino, conocidas por su atractivo, o por su poder, o por su belleza y sensualidad, pero todas ellas reconocidas por su capacidad para ensalzar, manipular o controlar emociones humanas. Cada uno de estos relatos y narrativas suscitan interrogantes acerca del origen del universo, la creación del hombre y la mujer como seres sexuados, la corriente de una sexualidad profunda, misteriosa y seductora, su conexión entre lo humano y lo divino, y sobre todo el propósito de todo ello en el cosmos infinito. Explorar estas historias y expresiones culturales, metarrelatos y simbología variada nos permite comprender mejor las actitudes hacia la sexualidad en diferentes épocas y culturas, así como descubrir patrones y temas universales que persisten a lo largo del tiempo, pues estos relatos y leyendas se integran dentro del patrimonio cultural de cada sociedad, revelando cómo la sexualidad es tan profunda y misteriosa.

Pero ¿por qué existen la mitología y las leyendas populares en torno a las implicaciones de la sexualidad? Se trata de buscar explicaciones humanas a respuestas divinas? Es decir, la lógica humana o su reflexión de lo sobrenatural está apoyada en fabulas, mitos y leyendas que a la postre no son más que expresiones de un folclore popular que busca interpretar aspectos del hombre/ mujer que se escapan a una comprensión desde la finitud de la humanidad, pues al final la mitología es un intento humano de ofrecer explicaciones a lo divino y buscar una conexión con lo mistérico y trascendente. Los mitos son narraciones y relatos basados en tradiciones y leyendas, creados desde la diversidad cultural para explicar el universo, el origen del mundo, los fenó- menos naturales y sobrenaturales, así como también para cual- quier suceso sobre el que no exista una explicación conocida.

Así el origen del mundo, el origen de la vida, la fertilidad, la sexualidad desde sus aspectos de procreación y recreación, poder y dominio, forman parte de un orden universal que en realidad no puede ser explicado desde leyendas o mitos culturales, pues no son aspectos culturales sino creacionales, y esta es la gran diferencia, pues sabemos que todo lo cultural exige una adapta- ción en las nuevas costumbres y cosmovisión de cada época. No ocurre así con aspectos ligados a lo creacional (a los fundamentos de la creación) al principio de la historia de la humanidad y antes de que las distintas culturas, fruto del inicio de la civilización, comenzaran a dispersarse. Por ello nos toca defender que lo cultural es *adaptativo*, pues responde a patrones y modas cambiantes, mientras que lo creacional es *normativo*, pues se fundamenta en principios universales y atemporales. En ese primer contexto creacional y fundacional se establecen los pilares, las raíces de la institución diseñada para constituirse en la base del desarrollo de la humanidad, es decir, la familia, y es dentro de la familia donde la expresión de la sexualidad se desarrolla en su máximo potencial. Esos pilares, al ser creacionales, no son adaptativos como lo cultural, sino normativos para toda época.

Esto se defiende desde la creencia que hubo un principio y un diseño inteligente fruto de un Dios creador, diseño que fue alterado y corrompido por la raza humana. Esta es nuestra tesis de partida, y por ello entendemos que la sexualidad ha sufrido alteraciones que han desviado sus propósitos originales. Asimismo y como ya hemos mencionado, la finalidad de esta obra es por un lado analizar los procesos culturales que han ido pervirtiendo la expresión de la sexualidad en las distintas culturas y hasta nuestros tiempos, y por otro desvelar la auténtica dimensión, significado y propósitos de la sexualidad según el diseñador que la concibió.

Para ello, nuestro argumento base y punto de partida está fundamentado en el libro con mayor autoridad y antigüedad que existe: la Biblia. Un libro capaz de explicar en un relato coherente y ordenado los asuntos concernientes a la vida, la creación, la procreación, la sexualidad y el sentido general de la existencia. Sobre este increíble libro, y mencionando nuestra obra anterior, *Mundo Volátil*, decimos lo siguiente:

"Muchas son las teorías y los relatos mitopoéticos sobre el origen de la vida y el universo; sin embargo, nuestra tesis de partida halla su fundamento base en la Biblia, que por cierto no es un relato histórico sino prehistórico, pues no pretende tanto explicarnos *cómo* se creó el mundo sino *para qué* se creó. Es cierto que su validez necesita *a priori* del ingrediente de la fe, pero que aún sin poseerla, existen evidencias demostrables que nos hablan de su autoridad, como el hecho innegable de que sea el libro más vendido y traducido de todos los tiempos, escrito a lo largo de más de 1600 años, en continentes distintos, con autores diversos de toda clase social y raza que escribieron en épocas diferentes, manteniendo sin embargo una coherencia en su argumento e hilo conductor. Aunque sea sólo desde "el lado" de las *evidencias* y no desde las *creencias*, esto nos hace entender que hay algo en este libro, avalado cuando menos por su historia y trayectoria, que trasciende la capacidad y comprensión humanas y le otorga un peso y autoridad incuestionables".[3]

La sexualidad como generadora de vida, placer y afectos profundos, necesita un marco ético que la regule y principios que canalicen el caudal de su poder y fascinación. Por eso la Biblia no es un relato histórico sino prehistórico, no es cultural sino creacional, no es un mito sino un antimito, que pretende desmitificar los relatos politeístas y la mitología sobre la creación, el ser humano y su sexualidad. Sexualidad que al alejarse de su fuente origen y propósitos, degeneró —ocupando a lo largo de la historia de las civilizaciones— un espacio contaminado dentro de las diversas creencias religiosas y paganas que

---

3. Juan Varela, *Mundo volátil*, Whitaker House: Pensilvania, 2023, p.16.

reprimieron o distorsionaron la expresión de la sexualidad, para acabar convirtiéndola, en muchos casos, en una triste caricatura de lo que Dios diseñó.

LA SEXUALIDAD COMO GENERADORA DE VIDA, PLACER Y AFECTOS PROFUNDOS, NECESITA UN MARCO ÉTICO QUE LA REGULE Y PRINCIPIOS QUE CANALICEN EL CAUDAL DE SU PODER Y FASCINACIÓN.

LAS CRÓNICAS DE LA CREACIÓN Y EL INICIO DE LA ERA CRISTIANA

De los innumerables mitos y leyendas sobre el origen del universo, nos quedamos con el relato bíblico sobre la creación. Allí se explica cómo la raza humana personificada en Adán y Eva fue creada a imagen de Dios y dotada de una tierra para colonizar y habitar: el jardín del Edén. La paz y el orden reinaban en aquel mundo perfecto, hasta que la serpiente antigua, personificación de Satanás que encarna las fuerzas del mal y la destrucción, sedujo a los hombres incitándolos a desobedecer a Dios. El castigo divino condenó a la raza humana a la expulsión del huerto sagrado y a una vida errante bajo las maldiciones de la separación de Dios, donde el dolor, el miedo y el sufrimiento se convirtieron en los amargos frutos del pecado.

La tierra se fue colonizando por distintos pueblos que al adaptarse al medio e ir poblando diferentes zonas, provocaron el inicio de la diversidad cultural, así como el intento de buscar la conexión perdida con una deidad creadora, lo que produjo la aparición de religiones[4], mitos y leyendas que anhelaban encontrar el vínculo sagrado con lo trascendente y lo divino. La diversidad cultural de los pueblos antiguos produjo civilizaciones que ostentaron el protagonismo en cada época al dominar sus espacios de asentamiento, formando los grandes imperios de la historia antigua: Egipto, Asiria, Babilonia, Persia, Grecia y Roma.

Por tanto, todas estas culturas bajo el paraguas de sus creencias provocaron y condicionaron el estilo de pensamiento en cada época, diversificando convicciones y formas de organización social y relacional. Sin embargo serían sobre todo las dos culturas o imperios anteriores a la Era Cristiana, Grecia y Roma, pero sobre todo Grecia en asuntos de pensamiento y reflexión, la que daría lugar a la aparición de la ética, la moralidad y la filosofía, poderosamente influenciadas por la mitología de divinidades que desde lo trascendente y divino pretendían dar un sentido superior a la vida en lo terrenal y humano. Posteriormente el Imperio romano aportó una organización social y política que unificó toda la tierra conocida, la que se circunscribía a la cuenca del Mediterráneo[5] con un sistema de leyes que en el orden civil organizó la vida de las familias y su composición en las distintas clases sociales. A lo largo de todas estas culturas, pueblos y civilizaciones, la sexualidad y su expresión aparece como elemento transversal y vertebrador.

Anteriormente la tradición hebraica supuso el inicio de la cultura judía bajo la dirección de los patriarcas sujetos a la Ley de Dios, en ella se decía: "La literatura hebrea antigua reconoce la sexualidad como un hecho fundamental de la vida humana. El

---

4. Religión viene de *religare* "volver a unir", es por tanto el intento humano de restaurar el vínculo con lo divino.
5. Mediterráneo quiere decir "en medio de la tierra", pues Roma pensó que más allá del cabo Finisterre la tierra se terminaba.

hombre está obligado a procrear para asegurar la descendencia. Los rabinos del Talmud[6] aceptan esta obligación y dicen que el sexo debe disfrutarse. El judaísmo busca establecer límites en el sexo, pero evita la excesiva disciplina o ascetismo y considera la moderación sexual y el autocontrol como esenciales para llegar a la santidad".[7]

Estos principios contenidos en la ley de los judíos, la Torá, contienen dichos y valores en su marco ideal y teórico, que cuando chocan con una realidad marcada por el pecado y la imperfección de la vida, producen el conflicto, la dicotomía y la dificultad de vivenciar esos principios en un mundo caído, sumando a dicha dificultad la influencia de otras prácticas de distintos pueblos paganos que influenciaron la cultura hebrea. El judaísmo compartía las mismas costumbres que los pueblos vecinos en cuanto a la poligamia y la posición social de las concubinas, consintiendo estas prácticas aun cuando supusieron una vulneración del texto sagrado; sin embargo, condenaban las perversiones sexuales, el adulterio y el incesto.

La sexualidad en la cultura romana si bien se sitúa generalmente en un entorno doméstico y sujeta a códigos morales, muchos de los cuales eran herencia del pensamiento griego, tiene, también como el propio mundo helénico, una moralidad que consiente como un mal menor e inevitable, y más para el varón que para la mujer, la búsqueda del placer sexual *per se*, desligado del orden familiar y la sexualidad procreativa del mundo doméstico, conviviendo ambos escenarios en una sociedad misógina, esclavista y patriarcal sobre la cual el político griego

---

6. Principal texto sagrado del judaísmo rabínico.
7. R. Westheimer, J. Mark, *Sexo divino: sexualidad y Judaísmo*, L.B. Publishing, 1997, http://www.merkavakafe.com/library/book/9341

Demóstenes decía: "Tenemos a las hetairas[8] para el placer, a las criadas para que se hagan cargo de nuestras necesidades corporales diarias y a las esposas para que nos traigan hijos legítimos y para que sean fieles guardianas de nuestros hogares".

Podríamos decir que en prácticamente todas las culturas mencionadas se vivencia la sexualidad desde tres dimensiones diferenciadas: la fuerza poderosa de una pulsión sexual como un deseo irrefrenable que debe ser satisfecha desde el plano puramente instintivo (deseo y placer), la sexualidad como elemento dador de vida y garante de la descendencia y la herencia familiares (fertilidad y legado), y también la sexualidad mitificada como elemento poderoso de conexión con lo sagrado y divino (espiritualidad y trascendencia). En realidad, y como vamos a defender más adelante, el concepto pleno de sexualidad es una fusión de esas tres dimensiones.

La llegada de la Era Cristiana trajo consigo el mensaje revolucionario de Jesús, quien se enfrentó abiertamente a la casta sacerdotal, escribas y fariseos que interpretaban los antiguos escritos —bienintencionados en origen como ya hemos dicho— bajo una óptica legalista, no dejando lugar para la misericordia y la gracia que eran los elementos centrales del mensaje de Jesús de Nazaret, quien dicho sea de paso, dignificó el papel de la mujer como nadie en la historia de la humanidad lo había hecho nunca. Por este motivo y cuando el texto sagrado se completa con la inclusión de los 66 libros que componen la Biblia entre el Antiguo y el Nuevo Testamento, se redescubre la nueva interpretación de la Antigua Ley bajo una visión marcada por la gracia, donde la libertad, el amor y la misericordia serán la nueva vara de medir.

---

8. Prostitutas de lujo.

"Quien no conoce la historia está condenado a repetirla". Esta frase refleja una de nuestras intenciones, que no es otra sino la de analizar nuestro pasado para comprender nuestro presente y también para intentar limpiar y recuperar el "alma blanca" de la sexualidad original. A lo largo del devenir de las distintas culturas y civilizaciones, el terreno de la sexualidad se va abonando con la semilla de malas hierbas que han ido germinando y contaminando su origen y propósitos divinos. Todo lo contaminado debe ser redimido, y en el área de la sexualidad hay una realidad contaminada y una realidad redimida, por ello, y como ya hemos mencionado, en la segunda parte del libro y en uno de sus apartados principales, reivindicaremos el retorno a una sexualidad enmarcada en los principios que emanan de la Palabra de Dios, para vivir la plenitud de unas relaciones que Dios diseñó para nuestro disfrute y bienestar.

> A LO LARGO DEL DEVENIR DE LAS DISTINTAS CULTURAS Y CIVILIZACIONES, EL TERRENO DE LA SEXUALIDAD SE VA ABONANDO CON LA SEMILLA DE MALAS HIERBAS QUE HAN IDO GERMINANDO Y CONTAMINANDO SU ORIGEN Y PROPÓSITOS DIVINOS.

BAJA Y ALTA EDAD MEDIA: LA SEXUALIDAD BAJO SOSPECHA

Toda la historia de la sexualidad que hasta ahora hemos analizado "a vista de pájaro" sin pretender profundizar, ofrece una visión general que contemplaba la sexualidad desde aspectos restrictivos y perversos, hasta aspectos más positivos entre lo carnal y lo espiritual; o al menos esa es la esperanza que nos dejaba el mensaje de Jesús. El problema es que la historia continuó su curso poblando de malas hierbas la visión pura de la sexualidad, que en el apartado que ahora nos ocupa, entraba en épocas oscuras y sombrías.

La Edad Media en la Europa cristiana es vista como una época de retroceso y retraimiento cultural, social y económico. Durante esta etapa la iglesia católica dominaba toda Europa como institución enquistada en todos los órdenes de la vida. La visión teocéntrica de este periodo, donde todo giraba alrededor de un Dios concebido como juez y verdugo que consideraba todo lo humano y carnal como pecaminoso en sí mismo, propició una interpretación oscurantista y pesimista de la vida que influenció todas las esferas del saber humano, incluida la sexualidad. La influencia de San Agustín de Hipona, allá por el siglo V, y sus enseñanzas derivadas del pensamiento dualista (donde se aboga por la separación entre lo carnal y espiritual) propició que la sexualidad, como asunto de la carne, debía ser considerada como algo sospechoso y una cuestión consentida solo para la procreación. De esta manera el placer quedaba relegado como un pecado que no se podía consentir:

> "Para la estricta moral impuesta por la Iglesia católica cuya normatividad teológica estaba por encima de las leyes civiles, las relaciones sexuales solo debían estar reservadas para la reproducción de los seres humanos y siempre dentro del sagrado sacramento matrimonial. Además se imponían reglamentos morales como:
>
> – No estaba permitido ningún acto sexual que no sea el justo necesario para concebir en la mujer.

– Estaba prohibido tener sexo los jueves, viernes, sábados y domingos; de igual manera durante la Cuaresma y tampoco en los 35 días previos a la Navidad ni en los 40 días antes de la fiesta de Pentecostés o un día en que se celebraba un Santo.

- La conocida posición del misionero era la única forma moralmente aceptable, siempre la mujer debajo del varón procurando la vigencia del rol natural de superioridad.

- La Iglesia en ese entonces declara el instinto sexual como demoníaco, apareciendo los cinturones de castidad y otros métodos restrictivos además del establecimiento de la Santa Inquisición".[9]

La Iglesia impone una distorsionada visión teocéntrica del mundo, lo que la lleva a un control total de la vida cotidiana y una visión muy restrictiva sobre la sexualidad. Se desarrolla el feudalismo, que da forma a las relaciones de poder y servidumbre entre los señores y sus vasallos, al tiempo que la Iglesia consolida su poder imponiendo a sus feligreses todas las restricciones ya mencionadas, donde —por ejemplo— el coito anal y el sexo oral eran pecados sumamente graves, pues su única finalidad era el placer perverso y no la reproducción.

Por un lado, esta cosmovisión restrictiva, legalista y moralizante sobre la sexualidad fomenta aspectos como la búsqueda de la castidad y la pureza: "La castidad era un estado positivo, voluntario y bien valorado como el matrimonio. La idea de los teólogos de que lo sexual manchaba y hacía impuros a quienes lo practicaban, fue calando en la sociedad medieval. La mayoría de

9. A. Pérez-Elizondo, *Sexualidad humana: una breve reseña de su historia*, Piel Latinoamericana, 2017, https://piel-l.org/blog/44947

hombres y mujeres que renunciaban a la vida carnal o que eran vírgenes acababan ingresando en conventos y monasterios".[10]

Por otro lado, y debido precisamente a la fascinación de lo prohibido, se alienta la secreta satisfacción de los deseos carnales en estos aspectos censurados. Es debido a ello, y como ocurriera en épocas anteriores, que el negocio de la prostitución fuese considerado como inevitable, siendo la menos mala de las soluciones para evitar males mayores como el adulterio, la sodomía o las agresiones sexuales. Las prostitutas cumplían el rol de contener los bajos deseos carnales de los varones, siendo un negocio muy rentable que generaba no pocos ingresos a la Iglesia y a los municipios feudales mediante la administración y el control de los prostíbulos.

Como vemos, el papel de la Iglesia durante este periodo histórico fue contradictorio y de una gran hipocresía moral. En un sentido ha sido eminentemente represor con la sexualidad de los fieles, constituyéndose en una forma de represión asociada al temor a Dios, que servía también como elemento de control social a los distintos estamentos del gobierno, mayormente reyes y nobleza, produciéndose así una simbiosis perfecta entre poder e Iglesia. Y en otro sentido, como acabamos de ver, la represión del pueblo al que se aplicaban las leyes y las restricciones contrastaba con los privilegios de los señores feudales, a los que se les concedían favores tan perversos como "la prima nocte", o el derecho de pernada, que legitimaba a los señores a violar a sus súbditas el día en que se casaban. Igualmente la casta sacerdotal incurría en todo tipo de excesos que incluían orgías y toda

---

10. L. Tudela, 2013. *La sexualidad en el mundo cristiano en la época medieval*. CA UNED- Illes Balears.

suerte de prácticas sexuales consentidas y practicadas por los más altos cargos eclesiásticos, incluido el papado.

La cosmovisión sobre la sexualidad, alentada por una Iglesia corrupta y moralizante, comenzó a asociarse a la maldad, al propio Satanás y a los aquelarres de las brujas y los rituales esotéricos. El cristianismo medieval desarrolló unos planteamientos sobre la sexualidad que era toda una negación de la existencia del deseo. De hecho, el placer era considerado un accidente de la relación sexual y aun un pecado que debía expiarse por la penitencia o la confesión. Este planteamiento de la negación del cuerpo y de los placeres asociados al ejercicio sexual fueron considerados como normas éticas y morales de estricto cumplimiento en toda la cristiandad. De esta manera, el control de las pulsiones sexuales se constituyó en un elemento fundamental en la construcción del primer cristianismo, y fue piedra angular en su desarrollo posterior. Desde el principio la Iglesia cristiana hizo suyo el terreno de la sexualidad y lo degradó al nivel de instinto pecaminoso que se debía controlar y reprimir.

El sexo en su dimensión recreativa queda directamente prohibido, puesto que significa el pecado y la debilidad del corazón humano que sucumbe frente a las tentaciones de la carne. Entre todos los aspectos que se asumieron como negativos dentro de la moral cristiana, lo relativo a la sexualidad ocupó el lugar más elevado de los actos contra la voluntad de Dios. No solo se prohibía el placer, sino que se degradó el cuerpo humano, no considerándolo como algo bueno e inspirado por Dios.

Es bajo el principio dualista de separar el cuerpo del espíritu, lo carnal de lo espiritual, que se fundan los monasterios y órdenes religiosas, cuyos edificios se construían en lo alto de los montes y cumbres poco accesibles, simbolizando de una manera práctica la separación entre el mundo carnal y pecaminoso, y la cercanía del cielo, que simbolizaba la pureza y la divinidad. Se potencia la práctica de todo tipo de disciplinas espirituales destinadas a purificar lo carnal mediante la abstención de cualquier tipo de placer, comodidad o vanidad humana. Dichas disciplinas incluían el voto de castidad, el voto de pobreza, la abstención de bienes materiales, el flagelo del cuerpo, etc., todo ello practicado por monjes rasos, lo cual contrastaba con el lujo y los excesos del alto clero. La noche, la luna, lo mistérico y oculto comenzaron a vincularse con el deseo sexual y el atractivo femenino como herramientas al servicio de las oscuras tentaciones sexuales. Así, bajo el yugo cruel de la Santa Inquisición, muchas mujeres fueron acusadas de brujería, siendo torturadas y condenadas a la horrible muerte en la hoguera.

EL SEXO EN SU DIMENSIÓN RECREATIVA QUEDA DIRECTAMENTE PROHIBIDO, PUESTO QUE SIGNIFICA EL PECADO Y LA DEBILIDAD DEL CORAZÓN HUMANO QUE SUCUMBE FRENTE A LAS TENTACIONES DE LA CARNE.

La historia nos enseña lecciones amargas que nos hacen entender una vez más, cómo hubo elementos que acabaron retorciendo el texto sagrado y ofreciendo una imagen vergonzosa del papel de la Iglesia y su visión tan restrictiva de la sexualidad. Estos elementos fueron las ansias de poder, el legalismo inmisericorde a la hora de interpretar las Escrituras, los intereses económicos y la hipocresía de una doble moral. Con todo ello no dudamos de la existencia de muchos fieles anónimos que vivían una realidad muy distinta a la marcada por el poder eclesiástico, buscando en la bondad de las Escrituras la presencia de un Dios visto como Padre y no como verdugo, y de una sexualidad vivenciada como don y no como maldición.

1.2 LA SEXUALIDAD EN LA EDAD MODERNA

RENACIMIENTO E ILUSTRACIÓN: LA SECULARIZACIÓN DE LA SEXUALIDAD

El teocentrismo propio de la Edad Media propició la repulsa de la sociedad hacia la imagen proyectada de un Dios visto como juez severo y castigador, que vigilaba y fiscalizaba la vida de todos imponiendo la falsa idea de que la espiritualidad negaba las bondades del cuerpo humano e imponía privaciones, sacrificios y castigos. Por ello la llegada del Renacimiento supuso un despertar y una apertura a la vida, la ciencia, las artes y la superación de la sociedad feudal que marcaba el progreso y el inicio de una nueva era. Así, del teocentrismo medieval se pasó al humanismo renacentista (antropocentrismo), que marcó huella en la valoración del cuerpo tanto del hombre como de la mujer, arrojando luz y belleza a la rancia concepción medieval: "Durante el Renacimiento se van flexibilizando las normas sexuales gracias a la confluencia de una serie de acontecimientos. El clasicismo[11] resucita antiguas costumbres, el humanismo recalca la importancia de estudiar al ser humano y a la sociedad, se adopta un enfoque científico en el análisis de cualquier fenómeno, inclusive la sexualidad; la imprenta lleva a un auge de la literatura que se transforma en vehículo de propagación de

---

11. Expresión cultural, artística y literaria conforme a los ideales grecorromanos.

la sexualidad a gran escala, las novelas exaltan el amor, el sexo y la figura femenina; y finalmente la Reforma protestante (que ahora abordaremos) desencadena una verdadera revolución al afirmar que la función del sexo dentro del matrimonio no era solo el procrear, sino que también debía servir para aligerar y aliviar las preocupaciones y tristezas de los asuntos domésticos o para mostrar cariño".[12]

Cuando hablamos de secularización bajo el Renacimiento, lo hacemos por oposición a la sacralización de la Edad Media, pues es precisamente el dualismo impulsado por San Agustín el que marca una distinción equivocada entre cuerpo y alma, por ello la secularización de la sociedad debe ser contemplada como la búsqueda de los valores humanos, civiles, donde los avances

12. A. Godoy, *El sexo en el renacimiento*. Ceppas. https://www.ceppas.cl/el-sexo-en-el-renacimiento/

de la ciencia no debieron suponer la negación de la fe. No debería haber un conflicto entre el humanismo y la vida cristiana, pues todas las bondades y logros atribuidos al ser humano y su capacidad de desarrollo, provienen directamente de un diseño original, donde el Creador creó a la criatura y la dotó de una inteligencia directamente otorgada como reflejo de su propia imagen. Por ello, defendemos que el ser humano en todo lo bueno que podamos atribuirle es reflejo de la imagen de Dios con la que fue creado.

Los errores de la historia y la visión tan negativa sobre el cristianismo, que ya hemos mencionado, no niegan ni invalidan la vida cristiana auténtica ni sus valores universales. Negamos la corrupción de las religiones, y de la misma manera no negamos la sexualidad y sus bondades; negamos la depravación a la que hemos rebajado a la sexualidad, tanto en épocas pasadas por un celo restrictivo, así como en la actualidad por un empeño permisivo, como veremos más adelante.

Por ello, el Renacimiento también tuvo su protagonismo en el seno de la Iglesia institucional y corrupta con la llegada de la Reforma, que revolucionó la concepción de la sexualidad al atribuirle otros propósitos añadidos al de simplemente la reproducción, como son el placer y el disfrute; por cierto, no inventados sino recuperados de una correcta interpretación del texto bíblico. De esta forma, la Reforma luterana del siglo XVI fue uno de los grandes acontecimientos del Renacimiento, pues significó —institucionalmente hablando— una ruptura (en principio no buscada) con el Imperio político-religioso de Roma, y en el aspecto relacionado con el culto, un retorno a las fuentes del cristianismo bajo el lema: "solo la fe, solo la gracia, solo la Escritura". Y es que cuando las Escrituras se adulteran con filosofías, intereses y corrupción, tenemos la sociedad de la que venimos hablando.

Por ello, el retorno a las fuentes del cristianismo supuso que la concepción de la sexualidad se viera enriquecida, con lo que se rebasó el rancio concepto de que el placer es pecaminoso, para defender que es Dios quien lo crea en el marco de la unión matrimonial y para el disfrute de los cónyuges. Sin embargo, el buque de los dogmas y normas morales de la Iglesia se mueve lento, y la comprensión de la sexualidad todavía estaba muy con-taminada por épocas pasadas, es decir, los aires de renovación no impidieron que la fusión de iglesia-estado siguiera marcando sus restricciones a la sexualidad.

El Renacimiento continuó su camino que finalmente des-embocó en el periodo de la Ilustración, allá por el siglo XVIII, donde acabó de entronarse el pensamiento racional y el conoci-miento como valores supremos. La sexualidad comienza, enton-ces, a ser vista en una faceta distinta a la cosmovisión religiosa, que sigue su camino, pero sin poder impedir que los avances de la ciencia, el avance cultural y el progreso concibieran la sexua-lidad más desde el ámbito de lo privado, donde el individuo y su conciencia tenían mayor libertad para vivir la sexualidad. Y si bien es cierto que esto ayudó a ir visionando una sociedad con una perspectiva más amplia y menos dogmática, la comprensión de la sexualidad se vio privada de unos principios éticos, que por haber sido mal empleados en la historia, dieron combustible a una concepción liberal de la sexualidad alejada de lo ético y moralizante.

De este modo, el camino toma tres rumbos bien diferencia-dos e igualmente negativos. Por un lado, la doctrina de la Iglesia sigue dominando el espacio moral, pero todavía con una visión muy restrictiva de la sexualidad; mientras que por otro lado, el liberalismo va allanando poco a poco el camino hacia la "revolución sexual", de la que hablaremos más adelante. Y finalmente la crítica fundada a la Iglesia, a la que se consideró obstructora de la verdad racional, dio el pistoletazo de salida al agnosticismo y al ateísmo.

El problema que ya hemos mencionado es que al rechazar legítimamente las creencias religiosas del medievo, oscuras, retorcidas y que no hacían justicia a la Biblia como el texto sagrado, se abandonó la legitimidad de la fe, que fue sustituida por la razón como valor supremo. Esto dejó la puerta abierta para que la sexualidad fuera privada de un marco ético regulador auténticamente basado en el texto bíblico, y comenzara el camino hacia una secularización que, precisamente basándose en la ciencia y la biología, acabaría cuestionando y negando la eficacia de estas ciencias en beneficio de ideologías de género y modernos dogmas que niegan el ciclo de una sexualidad normativa en el plano natural y biológico.

EL ROMANTICISMO Y LA SUBLIMACIÓN DE LA SEXUALIDAD

El Romanticismo supuso una reacción **contra el racionalismo** del siglo XVIII, donde la Ilustración, que defendía la razón y la ciencia, había obviado los componentes del plano sentimental y emocional. Por ello el Romanticismo surge como una corriente de sublimación del amor y la sexualidad, donde el cortejo, la conquista, los amores imposibles, la fidelidad y la traición se mezclan con un concepto marcadamente sentimental, casi como un estado espiritual de carácter platónico. En lo que atañe a la sexualidad, el amor *eros* ha sido siempre un tema fascinante y enigmático para los seres humanos.

A lo largo de la historia, ha sido explorado desde diferentes perspectivas y definiciones, pero será el romanticismo el movimiento que idealice el amor como una experiencia poderosa, apasionada y casi mágica. Se trata de una visión divinizada de las relaciones amorosas en las que el objeto del amor es elevado a la categoría de ser perfecto e intocable. El amor y la sexualidad, el sentimiento y la pasión serán combinaciones recurrentes. Por ello germinan todo tipo de expresiones artísticas que desde la pintura, la escultura, la música, la literatura y la poesía ensalzan el amor romántico a veces sublime, a veces trágico, pero siempre intensamente pasional: "En el Romanticismo, el amor se define como un sentimiento intenso y apasionado, que se caracteriza por la exaltación de los sentidos y la búsqueda de la belleza y la idealización en la persona amada. Para los románticos, el amor es una fuerza poderosa e irresistible que trasciende las barreras sociales y morales".[13]

Es por ello que bajo las premisas del Romanticismo y en lo que respecta a la sexualidad, se difunde una visión en todo caso más amable y humana que en épocas anteriores, donde esta es contemplada en el marco de relaciones más emocionales que eróticas, y que viene acompañada de una sublimación de la pareja con un alto componente de posesión, exclusividad y una fuerte intensidad emocional.

El concepto de que el amor sublime es un sentimiento de carácter espiritual y eterno, que vincula a los amantes para siempre, conforma uno de los conceptos más profundamente enraizados en el imaginario romántico, y que entraña casi siempre un componente religioso o místico. Aquí nace el mito del galán:

---

13. IES Las Lomas. (s.f.). [*Texto sobre el amor en el Romanticismo*]. https://www.ieslaslomas.es

"Vemos que el hombre es más activo, dispuesto siempre a enamorar. Su deseo no le arredra, antes, al contrario, se presenta decidido y orgulloso. No le importa manifestar su intención, aun a riesgo de ser rechazado. Ronda en la calle, en la puerta o en la reja. Aparece cuidadosamente arreglado, tanto en el cabello y la barba como en el traje".[14]

Todo lo que envuelve la magia y las leyendas del Romanticismo, como los amantes de Teruel, Romeo y Julieta, el mito de Don Juan, etc., apuntan hacia la popularización de una narrativa que nos habla de un erotismo de "guante blanco", donde el deseo y la pasión de amores imposibles mezclan a partes iguales sensualidad y sexualidad. Son aspectos que en épocas pasadas no se habían contemplado bajo esa mirada de fascinación sentimental, incorporando elementos que legitimaban y proveían alma y profundidad, dignificando el amor erótico y sensual, pero que al ir gobernados por los sentimientos y la pasión, que estaban por encima de cualquier marco moral, en algunos aspectos añadieron peso al germen que desde épocas pasadas se venía gestando, y que posteriormente daría a luz al narcisismo, a la visión de la mujer como objeto de deseo, a la cultura machista de la dominación, la lujuria, el hedonismo y la cosificación del cuerpo femenino.

LA MORAL VICTORIANA Y EL DISCURSO PURITANO[15]

La Revolución Industrial iniciada en el siglo XVIII acabó de consolidar a Inglaterra como el país más industrializado del mundo y poseedor de un imperio que comprendía la cuarta

---

14. Fuente en línea anónima. (s.f.). Recuperado el 24 de junio de 2025; actualmente no disponible
15. Cuando hablamos del discurso puritano, no nos referimos al movimiento de origen Calvinista surgido en Inglaterra en el siglo XVI, sino al concepto lingüístico que define la búsqueda de una pureza moral.

parte de la población mundial. Los regentes ostentaban una cota de poder con dominio en casi todas las esferas de la vida social. El rey, además, era el jefe de la Iglesia anglicana, y por lo tanto guardián de los asuntos concernientes a la vida y la moral de sus ciudadanos. La llegada al trono de la Reina Victoria en 1837 y sus más de 60 años de reinado, teniendo en cuenta los niveles de poder e influencia que asumía la monarquía, significó la imposición de un código ético y moral que llegó a denominarse como "moral victoriana"[16] y que supuso un referente para el resto de Europa y el mundo.

En líneas generales, la moral victoriana se caracterizaba por ser muy estricta y tener directrices muy rígidas en asuntos de ética sexual que condicionaban poderosamente el comportamiento de los ciudadanos, pese a que Londres llegó a ser una ciudad con un altísimo porcentaje de prostíbulos. El sexo era un tema tabú que no se mencionaba, asumiendo como en épocas pasadas que era algo reservado a la procreación y por lo tanto para el matrimonio, donde la mujer asumía un rol pasivo.

Esta época representa como ninguna otra el concepto de "la doble moral". Por un lado, una moralidad pública muy estricta, manteniendo una fachada sobria totalmente basada en unos principios éticos profundamente conservadores, junto con un discurso aleccionador repleto de disciplina moralizante. Y por otro lado, en la esfera de lo privado, se transgredían todas las normas y se daba rienda suelta a los placeres prohibidos. En una sociedad donde la clase burguesa y la nobleza mantenían

---

16. Esta visión restrictiva de la sexualidad es lo que Michel Foucault en su obra, *Historia de la sexualidad*, llamó la hipótesis represiva, la idea ampliamente aceptada de que desde el siglo XVII hasta principios del siglo XX, la sexualidad fue reprimida o sometida y restringida por la fuerza.

la costumbre de los matrimonios de conveniencia, donde el sexo se limitaba al fin de la procreación y a la perpetuación del linaje familiar, quedaba poco espacio para el placer sexual. Podríamos decir que se mantenía la vieja costumbre griega de esposas para la familia y concubinas para el placer.

Dada la visión lamentable que nos arroja el estudio de nuestra historia, debemos reivindicar de nuevo que no toda la sociedad era así, sin duda habría hombres y mujeres consecuentes con sus creencias y ética de vida que llevaban una vida de integridad y consecuencia entre creencia y experiencia. Pero la historia no se puede cambiar, pues no podemos cambiar el pasado, pero sí, con base en el conocimiento de todo lo negativo que nos ha precedido, podemos cambiar nuestro presente y aún nuestro futuro. Recuerda que el objetivo de este libro sigue siendo restaurar y dignificar la sexualidad, recuperando las bondades de su diseño divino. Objetivo que alcanzaremos en la segunda parte.

1.3 LA SEXUALIDAD EN LA EDAD CONTEMPORÁNEA

LA REVOLUCIÓN SEXUAL: LA FRAGMENTACIÓN DE LA SEXUALIDAD

Llegado el siglo XX, las ideas de Marx y Freud, junto con otras voces autorizadas de la época, van calando en la nueva sociedad contemporánea como la evolución lógica, dentro de este pensamiento racional y liberal propio de la Ilustración, que se recupera a pesar de la moral victoriana; o más bien deberíamos decir que esa moral restrictiva contribuyó a encender la mecha de una generación hastiada de tanta hipocresía. Esto inició un proceso histórico donde la sexualidad se va despojando de toda estructura que pretenda contenerla o limitarla. Las ideas de estos grandes pensadores, junto con los nuevos conceptos del marxismo, proclaman que hay que superar aquellos aspectos culturales que promueven la represión de la sexualidad y la moral victoriana, aspectos que impiden la total satisfacción de algo que es natural y que por lo tanto debe ser normalizado por encima de cualquier freno moral.

Se trata de un supuesto progreso que culmina con la revolución sexual de los años sesenta. El filósofo y sociólogo Herbert Marcuse proclama: "Hay que combatir contra las estructuras que promuevan una sexualidad ordenada y empobrecida, especialmente contra la familia (una especie de jaula de los afectos), contra la moral (que condiciona nuestros actos desde las categorías del bien y del mal), y contra la sociedad y sus reglas y sistemas laborales".[17] Según uno de los puntos centrales de estas propuestas, habría que desligar la práctica sexual de su relación con la procreación, permitiendo un uso del sexo completamente desligado de su sentido reproductivo. Es decir, se busca una ruptura con los códigos tradicionales relacionados con la concepción de la moral sexual.

Estos planteamientos se llevan a la práctica a principios de los sesenta a través del movimiento hippie en Estados Unidos y las revueltas estudiantiles francesas de mayo de 1968 en Europa. Se trata de movimientos de tipo contracultural, que desde el pacifismo o el activismo antisistema defienden los derechos a una sexualidad libre y la fractura con la sociedad de consumo y el capitalismo. Ya no se trata de proponer nuevas estructuras de pensamiento desde la cátedra o desde los manifiestos estudiantiles, directamente se pasa a la acción reivindicativa, a la ruptura

---

17. F. Pascual, *La revolución sexual*. Catholic.net. https://es.catholic.net/op/articulos/23213/la-revolucin-sexual

con la hipocresía social. Las nuevas ideas producto de esta filosofía de vida proclaman, mayormente desde el movimiento hippie, cuya acción fue más alternativa que reivindicativa, el estilo de vida naturista pacifista y nudista, la vida en comunas y las filosofías orientales que auguraban un futuro luminoso bajo la utopía que Aldous Huxley recogió en su obra maestra *Un mundo feliz*. Una supuesta cultura de la paz y el amor que integraba mantras como "el LSD y la marihuana te harán libres", "haz el amor y no la guerra".

Asimismo, la poderosa maquinaria de los medios de comunicación fue difundiendo una visión descarnada de la sexualidad que ponía el acento en lo biológico y puramente instintivo, promocionando el liberalismo moral, el interés en el placer sexual hedonista y en la dimensión puramente física y seductora de la belleza y el cuerpo humano, aspectos embrionarios de la futura hipersexualización social que se llevaría a cabo en épocas posteriores. Es el concepto del "amor libre" desligado de valores absolutos o religiosos, donde lo fundamental en el desarrollo de la conducta sexual es la realización de la persona sin cortapisas morales.

Toda esta confusión y perversión de la sexualidad fue provocando una pérdida del sentido y la intencionalidad del acto sexual con lo que todas las formas de entender la sexualidad se pusieron al mismo nivel. El razonamiento fue el siguiente: si la sexualidad está desvinculada del compromiso matrimonial y de la procreación, si el único objetivo de las relaciones sexuales es la obtención de placer, entonces cualquier relación sexual, con cualquiera y de cualquier manera, es aceptable. El placer, entroncado en la cultura del hedonismo, se convirtió en la norma y la regla de moralidad. Este argumento abre la veda para la normalización de cualquier perversión sexual imaginable.

ES EL CONCEPTO DEL "AMOR LIBRE" DESLIGADO DE VALORES ABSOLUTOS O RELIGIOSOS, DONDE LO FUNDAMENTAL EN EL DESARROLLO DE LA CONDUCTA SEXUAL ES LA REALIZACIÓN DE LA PERSONA SIN CORTAPISAS MORALES.

LA NUEVA MORAL SEXUAL Y SU TRANSICIÓN HACIA LAS IDEOLOGÍAS DE GÉNERO

La llamada nueva moral que surge fruto de la revolución sexual mencionada, busca "normalizar" una vida sexual desligada de compromisos y de cualquier relación con la familia tradicional. Por ello, los paladines de esta nueva moral combaten a toda persona o institución que pretenda poner límites a cualquier suerte de expresión sexual placentera, tachándolas de fundamentalistas y radicales morales, aun cuando expresen sus opiniones por medio de afirmaciones con base científica o rigor ético. Cierto es que en algunos aspectos podemos llegar a entender, desde esta breve aproximación a la historia de la sexualidad, que tachen a la moral cristiana como rancia y aguafiestas en aspectos de sexualidad, y aun que contemplen el matrimonio como una institución que ahoga la expresión de una sexualidad plena. Parece que la historia avala este argumento, como menciona el autor del libro *El misterio de la sexualidad*: "Es singular y alarmante ver cómo en todos lados y durante decenas de generaciones de historia del cristianismo, matrimonio y placer, matrimonio y sexualidad, se han excluido siempre".[18]

En la última parte de esta obra vamos a desmentir este mito y defender que la plenitud de la sexualidad se alcanza cuando entendemos que su expresión se da en el marco de un pacto de fidelidad, intimidad y compromiso matrimonial, que abarca aspectos que van desde la recreación (placer sexual), hasta la procreación, pasando por el amor *ágape* y la perpetuación de la familia y el linaje.[19]

La nueva moral sexual, que sin duda tuvo algunas bondades como la ruptura con los rancios esquemas religiosos, o la sinceridad para buscar una sexualidad abierta en contraste con la hipocresía y la doble moral de la sociedad, provocó, sin embargo, la fragmentación del orden social propio de la ética judeocristiana, lo cual produjo nefastas consecuencias como el aumento de las enfermedades de transmisión sexual, particularmente el SIDA, aumento de los embarazos no deseados en la población adolescente, bajo nivel de compromiso por parte de los jóvenes en sus relaciones de pareja, normalización de la cultura del divorcio, la píldora y el aborto, devaluación y aun estigmatización del compromiso y la fidelidad matrimonial, ampliación del matrimonio a otros supuestos fuera del matrimonio natural heterosexual, etc. Es decir, que los supuestos aires de frescura del amor libre y la nueva moral sexual acabaron deslegitimando los ideales de paz y amor, desmoronándose así el castillo de naipes que promovía la utopía de un mundo feliz.

---

18. Roland de Pury. *El misterio de la sexualidad*, Editorial La Aurora: Buenos Aires, 1975, p. 20.

19. Entendemos que la procreación es solo uno de los fines de la sexualidad, y que por lo tanto se puede vivir la plenitud del matrimonio sin la procreación, aunque al mismo tiempo sea su consecuencia lógica y sobre todo necesaria para la preservación de la especie.

Esta fragmentación del orden social continuaría extendiéndose en décadas posteriores: "Este enfoque es el que predomina en las sociedades occidentales de principios del siglo XXI. Se ha pasado en medio siglo de un extremo de recato y represión pública en todo lo relativo a lo sexual, a otro de decidida permisividad con muy pocos límites. Por ello nos interesa mucho entender cuál ha sido el proceso a través del que hemos llegado al presente estado de cosas, en lo relativo a la moral sexual, en el contexto occidental. Aunque es interesante destacar que la nueva moral sexual que en sus primeras décadas surgió como una tendencia propiamente de Occidente, se está extendiendo rápidamente a otros contextos y a otras culturas, convirtiéndose en otro de los resultados de la llamada globalización".[20]

Como conclusión, diremos que la mala praxis de la sexualidad a lo largo de la historia provocó en la sociedad contemporánea una repulsa hacia los rancios dogmas de fe y moral represiva, que desembocó en un ataque a los fundamentos de Occidente y, por lo tanto, hacia la destrucción de la cultura judeocristiana y su transición hacia las nuevas ideologías de género.

Todo ello fue dando a luz y conformando un tipo de pensamiento ideológico que acabó denominándose "ideología de género". Se trata de una compilación de ideologías y reflexiones político/sociales de corte neomarxista y sesgo totalitario, que defienden que las diferencias entre el hombre y la mujer, a pesar de la obviedad anatómica y biológica, no corresponden a una naturaleza fija sino que son construcciones culturales y convencionales. De esta manera, el género no nace ligado al sexo sino que responde a roles y estereotipos que a lo largo de la historia la sociedad ha ido imponiendo. En torno a este discurso

---

20. F. Mira, *Sexo y Dios*, Editorial Andamio: Barcelona, 2005.

se desarrolla toda una maquinaria sociopolítica que actúa como ideología impuesta en muchos países, donde incluyen multas e inhabilitación profesional a quienes se opongan o la critiquen.

La génesis de la ideología de género[21], el feminismo radical y los movimientos en pro del marxismo cultural que ahora explicamos hunden sus raíces en doctrinas ideológicas de corte marxista, y en los grandes acontecimientos sociopolíticos que durante el siglo XX sucedieron en Europa. Cuando Marx, desde su modelo de lucha de clases, proclama que la religión es el opio del pueblo, Engels publica *El origen de la familia, la propiedad privada y el estado*, y Nietzsche, desde el nihilismo sentencia la "muerte de Dios", se constata el resquebrajamiento de los fundamentos sociales, morales y éticos que contenían principios normativos y universales.

Parte de los acontecimientos mencionados también se refieren a cuando posteriormente en Europa se desmoronan los frentes comunistas de la Unión Soviética, de Alemania con la caída del muro de Berlín, y de distintos países comunistas de Europa del Este. Al desaparecer los viejos postulados de la ideología marxista que se apoyaban en la lucha de clases y la oposición al capitalismo burgués, tuvieron que ser sustituidos de urgencia por otros frentes de acción que dieran sentido a la utopía comunista. Aprovecharon entonces el impulso de los movimientos contraculturales para abanderar y pervertir la causa del feminismo[22] y la oposición al concepto de familia tradicional, asociado al mencionado capitalismo burgués. De esta forma se sustituyó la lucha de clases por la lucha de sexos, y la lucha contra el capitalismo por la lucha contra el sistema familiar tradicional.

---

21. Para más información sobre la "ideología de género", ver documento del autor en el apartado final de "Recursos".
22. Que había nacido con reivindicaciones legítimas de base.

La familia y el matrimonio, mayoritariamente eclesiástico se asoció al concepto de burguesía acomodada y religiosa, mantenedora de una hegemonía patriarcal y opresora a la que había que denunciar y superar. De esta forma, todos los movimientos contraculturales mencionados, unidos a la lucha del proletariado, iban asociados a ideologías marxistas, liberales y anarquistas, que veían en la familia mal llamada "tradicional",[23] el reducto de una sociedad hipócrita, victoriana y rancia que había que combatir y superar. Hay que reconocer que todos ellos, en principio, aportaron frescura y aires de libertad, pues partían de reivindicaciones legítimas de base. Había mucho que denunciar en derechos humanos, libertades esenciales, regímenes dictatoriales, guerras sin sentido, capitalismo feroz y doble moral sexual. Sin embargo, muchos de esos movimientos, astutamente radicalizaron y politizaron sus reivindicaciones. Entre otros muchos aspectos, esto provocó el inicio de la desintegración de todos los elementos normativos de la familia natural y la cultura judeocristiana, que ciertamente se asociaban a una sociedad rancia y obsoleta.

LA FAMILIA Y EL MATRIMONIO, MAYORITARIAMENTE ECLESIÁSTICO SE ASOCIÓ AL CONCEPTO DE BURGUESÍA ACOMODADA Y RELIGIOSA, MANTENEDORA DE UNA HEGEMONÍA PATRIARCAL Y OPRESORA A LA QUE HABÍA QUE DENUNCIAR Y SUPERAR.

---

23. Preferimos hablar de familia natural, pues el modelo de hombre, mujer e hijos es el modelo abrumadoramente mayoritario en toda cultura y civilización.

La evolución de esta línea de pensamiento sociopolítico, que provocó toda la convulsión social mencionada, se produjo en la llamada Escuela de Frankfurt, que a principios de los años veinte gestó el concepto de "marxismo cultural". Proclamaban que había que extirpar por todos los medios la cultura cristiana occidental en una auténtica batalla cultural. Esta sorprendente línea de acción debía dirigirse hacia todas las instituciones del estado: escuelas, universidades, ministerios gubernamentales, periódicos, medios de comunicación en general, así como a la industria del ocio. Desde ellas, debía extenderse el virus de una contracultura que minase los fundamentos de la cultura cristiana occidental, para que así la población, una vez debilitada y manipulada en sus convicciones, pudiera adherirse a los ideales marxistas que antes habían sido rechazados de forma natural, al haber sido asociados con un pensamiento muy politizado y ligado a un comunismo caduco y devaluado. El marxismo cultural se mantuvo como un pensamiento teórico desde finales de los años treinta, eclosionó a partir de la década de los sesenta con las mencionadas revoluciones sexuales, estudiantiles, etc., y se está desarrollando hoy día a pasos agigantados en nuestra sociedad a través de su brazo ejecutor: la ideología de género.

Se despoja a la sexualidad de principios éticos que la regulen, se separa la sexualidad del matrimonio y la familia, y se diluye el propio concepto de sexualidad al desligar sexo y género, dejando al arbitrio de cada persona su propia concepción de vivir su identidad sexual. Así llegamos al concepto de "sexo fluido", acuñado por el sociólogo Zygmunt Bauman, y a la disolución de la sexualidad bajo la nueva cultura gaseosa[24] que ahora explicamos.

---

24. Los estados de la materia (sólido, líquido y gaseoso) tienen su aplicación sociológica, pues venimos de un mundo sólido, avanzamos muy aprisa en un mundo líquido, y vamos entrando ya en un mundo gaseoso.

HACIA LA CULTURA GASEOSA: LA DISOLUCIÓN DE LA SEXUALIDAD

La revolución sexual de los años sesenta iniciada en Estados Unidos junto con las revueltas estudiantiles de mayo de 1968 en Francia, coincidieron pocas décadas después con la llegada del siglo XXI y el nuevo milenio. Aquello significó un cambio de paradigma mundial que acabó rebasando la "era industrial", para inaugurar una nueva cosmovisión con la llegada de la "era digital" y la "aldea global" en la que nos hemos convertido.

Hagamos un poco de resumen. Desde los postulados del dualismo platónico en el mundo griego, con la separación del cuerpo y la mente, pasando por la secta de los gnósticos en la era cristiana que despreciaban el cuerpo para potenciar el alma, llegamos hasta San Agustín, que acabó de estigmatizar el cuerpo, cárcel de lo mundano y pecaminoso, para potenciar la búsqueda de una espiritualidad alejada de lo carnal. Esta visión restrictiva, contraria a los principios de la Palabra de Dios, fue contaminando una teología del cuerpo y la sexualidad, que en la era del emperador Constantino —quien elevó el cristianismo a la categoría de religión oficial del estado— acabó por asentar en todo Occidente una visión rebajada y oscura de la sexualidad.

Posteriormente el Renacimiento y la Ilustración rompen con el teocentrismo, una visión degradada de la imagen de Dios, y entonces el mundo recupera el ideal del cuerpo humano y la belleza, junto con un pensamiento racionalista y antropocentrista, acuñado por la Ilustración, y alejado de los dogmas de fe y las imposiciones medievales. La llegada del Romanticismo aportó una visión platónica del amor y un erotismo idealizado, mientras que la moral victoriana parecía querer recuperar el modelo de sexualidad restrictiva propio del Medievo, aunque se vivía la hipocresía de una doble moral.

Todos estos acontecimientos que estamos resumiendo fueron la mecha que hizo explotar la revolución sexual, movimiento que, como ya hemos mencionado, inicia un profundo cambio, y que al abrir la puerta al "amor libre" en las décadas posteriores (y aun bien iniciado el siglo XXI) provoca la fragmentación y la disolución de la sexualidad. Esto permite que la sexualidad se desarrolle fuera del orden de la biología y gobernada por una ideología carente de base científica, lo que a su vez despoja a la sexualidad de todo fundamento ético o biológico, dejándola desnuda y a merced de los sentimientos y las percepciones individuales.

Todas las transformaciones mencionadas favorecieron la llegada de la posmodernidad, antesala de la modernidad líquida y la cultura gaseosa, que inició el proceso hacia una pérdida de horizontes y de referentes en todos los órdenes de la vida y particularmente en la sexualidad. Esta desorientación en cuanto a todo favoreció un vacío existencial, que a su vez —y por reacción— provocó cuatro de las características principales de la sociedad posmoderna y la cultura líquida: hedonismo, individualismo, relativismo y narcisismo. El lema para cada una de estas características sería: "el placer por el placer", "yo me basto", "todo vale, no hay verdades absolutas", "yo soy el centro del mundo".

Esta concepción hedonista desembocó en el concepto de la soberanía del individuo y afectó la vivencia de la sexualidad, donde cada cual la vive desde sus percepciones y sentimientos. No contentos con traspasar las fronteras de un marco ético y moral, se traspasan también los límites de la biología y las leyes naturales. Entonces, no quedando ningún asidero al cual aferrarse, dejamos la sexualidad a la deriva, sin rumbo definido y sin timón que gobierne nada. Seguramente es la evolución lógica del "amor libre" que pregonaba la revolución sexual.

ESTA CONCEPCIÓN HEDONISTA DESEMBOCÓ EN EL CONCEPTO DE LA SOBERANÍA DEL INDIVIDUO Y AFECTÓ LA VIVENCIA DE LA SEXUALIDAD, DONDE CADA CUAL LA VIVE DESDE SUS PERCEPCIONES Y SENTIMIENTOS.

El año 2000 inauguró el nuevo milenio, en un mundo definido entonces por lo que se llamó el *entorno V.U.C.A., y el espacio liminal.*[25] El acróstico VUCA alude a las iniciales en inglés de Volatilidad, Incertidumbre, Complejidad y Ambigüedad. Comienza como un término de estrategia militar, pero pronto viene a extenderse al mundo de los negocios y el *marketing* empresarial, y de ahí, con todos los cambios sociales ya vistos, se aplica a la realidad global que vivimos. En cuanto al espacio liminal se trata de un término acuñado por el etnógrafo Arnold Van Gennep, referido al espacio o experiencia de transición de una etapa a otra, es decir, un umbral de transición. Actualmente ya hemos traspasado ese umbral y cerrado la puerta a la Revolución Industrial mientras hemos ingresado en la Revolución Digital, donde la nueva filosofía social nos aboca a la realidad de un entorno VUCA, es decir, un mundo volátil, incierto, complejo y ambiguo, que debido a la hiperaceleración social con cambios vertiginosos, ya ha sido sustituido por los entornos *BANI*.

---

25. Para ampliar información sobre estos conceptos ver mi anterior libro *Mundo volátil.*

Estos entornos BANI hacen referencia a momentos quebradizos, ansiosos, no lineales e incomprensibles. Hace alusión a las iniciales de *Brittle, Anxious, Nonlinear e Incomprehensible*, que en español traducimos por *frágil, ansioso, no lineal e incomprensible*, esto es, tiempos de caos. Son situaciones derivadas de una crisis sistémica donde el entorno VUCA ha quedado obsoleto, y en la situación actual, definida por la crisis pospandemia, los conflictos bélicos, el desabastecimiento, la inflación, el riesgo energético y el cambio climático, es más adecuado hablar de entornos BANI.[26] En consecuencia, se trata de una nueva realidad global donde todo se muestra frágil, volátil, quebradizo y no lineal, es decir, incomprensible, y por tanto todo se vive desde una dimensión ansiosa llena de incertidumbre.

Esta falta de fe en el futuro provoca que las personas miren el presente y su realidad inmediata buscando mitigar la incertidumbre social con placeres instantáneos, placeres que permitan olvidar la cruda realidad. Es aquí donde la sexualidad hedonista que venimos mencionando, se distorsiona hacia la hipersexualización que vivimos actualmente, y que como elemento transversal contamina todas las facetas del ser humano, desde la infancia hasta la adultez.

Es cierto que avanzamos inexorablemente desde el concepto de sociedad líquida hacia la realidad distópica de un universo gaseoso. El término gaseoso viene de la palabra *gas*, que a su vez proviene del término griego *caos*, que implica desorden. En la sociedad gaseosa que va llegando todo es efímero en su vertiginosa aparición y desaparición: modas, modelos, estética, relaciones interpersonales, etc., es la cultura de la infoaceleración y de

---

26. Algunos teóricos sociales hablan del nuevo entorno *TUNA* (que en español sería *turbulencia, incertidumbre, novedad, ambigüedad*).

la hipersexualización. Al respecto, son particularmente gráficas las palabras de la filósofa María N. Lapoujade, que menciona el discurso y la narrativa de que "lo importante es lo que sientas, que te liberes de toda imposición cultural y seas tú mismo, que experimentes y seas feliz", dentro del nuevo hedonismo contemporáneo. Pero esto deja al ser humano en un vacío existencial y a la intemperie, donde la ausencia de límites y valores normativos favorece que se viva una sexualidad abandonada al instinto de las emociones, viviendo como seres irracionales vendidos a la cultura de la imagen y el placer instantáneo como única forma de mitigar tanto sinsentido y caos existencial.

1.4 EN LA NOCHE DE LOS TIEMPOS: *LA INCREÍBLE HISTORIA DE IMPERIA*

Hace años, en un viaje con mi esposa, pasamos una bonita tarde en la ciudad alemana de Constanza. Paseando por el puerto, enseguida llamó nuestra atención una estatua inmensa de nueve metros de altura que representaba a una seductora y escultural mujer con las manos alzadas y sosteniendo en una de ellas la caricatura de un rey y en la otra la de un papa. Instalada sobre un pedestal que va girando sobre su eje, la inquietante estatua daba una vuelta completa en un giro que permitía ver su cuerpo desde todos los ángulos posibles. Más nos inquietó su nombre, pues al informarnos supimos que se trataba de Imperia, una cortesana de lujo que ofrecía sus favores sexuales al alto clero durante el Concilio de Constanza, allá por el siglo XV.

Constanza adquirió su máxima popularidad cuando allí se celebró el mencionado Concilio, en un intento de ordenar una Iglesia católica dividida y corrupta, donde el cuerpo sacerdotal estaba formado por hombres analfabetos con poca formación espiritual y donde muchos de ellos vivían con sus propias concubinas. Asimismo, los papas no eran muy diferentes, eran provenientes de poderosas familias que se aferraban al trono de San Pedro y ostentaban un lujo desmedido no exento de abiertas prácticas sexuales, y ejerciendo su poder como cualquier otro noble o cargo imperial.

El emperador Segismundo, en un intento de limpiar la corrupción en el seno de la Iglesia, es quien convoca la celebración del Concilio allá por el año 1414, extendiéndose hasta el año 1418. La pequeña ciudad de Constanza vivió su época dorada en esos años debido a la llegada de más de 70 000 personas entre sacerdotes, monarcas, cardenales, nobles, soldados y toda suerte de sirvientes. La ciudad aumentó con toda clase de mercados, fondas y, por supuesto, con toda suerte de prostitutas llegadas aun por petición del propio emperador para satisfacer a tan nobles clientes.

Cuando observamos la inmensa estatua al pie del puerto que da entrada a la ciudad, la simbología es cuando menos inquietante. La sensualidad de sus formas de hormigón se plasma en unas largas piernas y contundentes caderas semidesnudas, junto a un provocativo escote del que pugnan por escapar dos generosos pechos. Imperia es su nombre, pues el imperio de la lujuria, el culto al cuerpo y la tiranía de líneas perfectas y exageradas, hablan del inmenso poder al que sucumben todos, incluso las élites desde el ámbito religioso al político. Se asemeja al imperio del sexo y a la decadencia de la moral, pero sobre todo la estatua de Imperia parece una escultura profética de los tiempos que vendrían, y que hoy nos toca vivir, donde la exaltación de la cultura hipersexualizada, es decir, la hipersexualización de la sociedad, tiene su inmenso poder de influenciar y controlar aún a los más poderosos.

IMPERIA ES SU NOMBRE, PUES EL IMPERIO DE LA LUJURIA, EL CULTO AL CUERPO Y LA TIRANÍA DE LÍNEAS PERFECTAS Y EXAGERADAS, HABLAN DEL INMENSO PODER AL QUE SUCUMBEN TODOS, INCLUSO LAS ÉLITES DESDE EL ÁMBITO RELIGIOSO AL POLÍTICO.

2

LA DISTORSIÓN DE LA SEXUALIDAD

(EL PROBLEMA)

Toda la historia mencionada avala la realidad de un mal uso histórico de una moral corrupta que aún hoy promueve la sexualidad líquida; por tanto, es justo defender que debemos recuperar un marco válido en ética y principios que dignifiquen la sexualidad y restaure la autenticidad y dignidad de una moral cristiana mancillada por la historia. Seguimos mencionando que aparte del mal uso histórico de la sexualidad y de los grandes movimientos culturales al respecto, siempre hubo un remanente, una parte anónima de la sociedad que no participó ni fue protagonista de todos los cambios sociales tan negativos respecto a la sexualidad y aun al matrimonio, pero que de forma callada y constante se mantuvieron fieles a sus principios, avalando con sus vidas la realidad de una ética cristiana auténtica. Ese es nuestro objetivo final, pero en esta primera parte todavía nos queda analizar nuestra realidad presente, para seguir observando cómo la sexualidad humana continuó su distorsión hasta convertirse, en algunos casos, en un asunto poderosamente adictivo.

2.1 LAS IDEOLOGÍAS DEL CUERPO: *EL HEDONISMO CONTEMPORÁNEO*

LAS SIRENAS DE UNA SOCIEDAD PELIGROSAMENTE SEDUCTORA

Según diversas mitologías, las sirenas eran seres del inframundo que habitaban en una isla en lo profundo del mar, poseían torso de mujer y extremidades inferiores en forma de cola de pez. Su obligación, impuesta por divinidades superiores, era entonar melodías seductoras y fascinar a los marineros para enloquecerlos de deseo y llevarlos a la muerte. El encanto de su voz y la belleza extraordinaria de su cuerpo generaban un poder hipnótico sobre los hombres que las escuchaban, pero si no conseguían seducirlos, ellas mismas debían morir.

El relato más destacado del mito de las sirenas en el mundo griego tuvo lugar cuando Ulises se disponía a regresar a su hogar después de la Guerra de Troya. Advertido de los poderes de las sirenas, y aconsejado por la hechicera Circe, ordenó a los marineros que se taparan los oídos con cera para que no sucumbieran al poder de atracción de las sirenas. Luego se ató él mismo al mástil de su embarcación, y dio la orden a la tripulación que no le desataran bajo ningún concepto por mucho que suplicase. Cuando el barco atravesaba los mares profundos y al llegar al territorio de las sirenas, estas desplegaron sus cantos seductores. Odiseo, cegado por el embrujo de la pasión y el deseo, rogó e imploró que lo desataran, pero los marineros cumplieron sus propias órdenes y no lo hicieron. Así fue como logró evadir la tentación. Sin embargo, la maldición de la muerte cayó sobre una de las sirenas que no habían logrado encantar a Odiseo, y su cuerpo, herido de muerte, fue arrojado a una playa desierta. Cuenta la historia que los habitantes de aquella región erigieron una estatua en su nombre y memoria, alrededor de la cual se fundó una ciudad que perdura hasta nuestros días.

BIENVENIDO A LA ERA DEL SEXO LÍQUIDO, EL GÉNERO FLUIDO Y LA SACRALIZACIÓN DEL CUERPO COMO ELEMENTO ERÓTICO POR EL CUAL SE MIDE EL VALOR DE UNA PERSONA. ESTO SE LLAMA HIPERSEXUALIZACIÓN.

En los tiempos que nos toca vivir, en esta aldea global digitalizada en la que nos hemos convertido, vivimos dominados por la irrupción en nuestras vidas de las redes sociales, la inteligencia artificial, y la realidad de un mundo más virtual que real, dominado por el culto al cuerpo y la tiranía de la imagen. Asistimos a una hipersexualización de la sociedad magnificada por todos los medios de comunicación. Las modernas sirenas de nuestra aldea global despliegan todo su arsenal seductor con cantos atractivos que prometen la satisfacción inmediata de nuestros deseos y fantasías. Si caemos en el embrujo de sus armas de poder, nos convertimos en marionetas y víctimas al servicio del sistema. Bienvenido a la era del sexo líquido, el género fluido y la sacralización del cuerpo como elemento erótico por el cual se mide el valor de una persona. Esto se llama hipersexualización.

Te cuento un episodio hermoso de mi propia vida. Conocí a mi esposa María del Mar en el seminario de Barcelona donde estudiábamos. Uno de nuestros profesores se llamaba Norman Bowman, era un misionero alto y con una poblada barba, su estatura física acompañaba su estatura espiritual y dimensión profunda como ser humano. Tenía una risa potente que exhibía en grandes carcajadas. Fue nuestro consejero y padre espiritual en nuestro noviazgo, matrimonio y trayectoria ministerial hasta hoy. En más de una ocasión su abrazo paternal contuvo mis lágrimas, a veces de dolor, a veces de esperanza. En nuestro último encuentro, cuando aún vivía en España, pasamos varios días en un hermoso pueblo del norte; la casa rural donde nos alojábamos tenía un pequeño y acogedor saloncito en el que crepitaba la leña de una chimenea de piedra. Esos días estuvieron marcados por largos paseos, tiempos de lectura espiritual y profundas conversaciones al calor del hogar. Norman hablaba, reflexionaba, reía, lloraba… y en cada ocasión nos entregaba perlas de sabiduría que alimentaban nuestra alma. A la publicación de esta obra, Norman y su esposa Wen, ya octogenarios, siguen activos en el ministerio, dándonos ejemplo de vidas dedicadas al servicio del prójimo.

En una de nuestras muchas conversaciones, y al respecto de la vida sexual, Norman me dijo las siguientes palabras que resumen el concepto de sexualidad líquida en nuestros días: "El funcionamiento interno de la atracción sexual es complicado y complejo. El sexo debe guiarse por principios y debe regirse por un pacto. El sexo sin restricciones puede ir casi en cualquier dirección. Cuando la 'atracción sexual' o el 'deseo sexual' se convierten en nuestra identidad raíz, nos esclavizamos a algo que ha sido creado para nuestro bienestar y para la continuidad de la raza humana. Es un poder otorgado por Dios. Sin embargo, el sexo en sí es un dios terrible. Se convierte en un ídolo manipulador y es un ídolo que finalmente nos destruye, a menos que su poder sobre nosotros se rompa". Lamentablemente es lo que ha sucedido en los tiempos que corren, pues la sexualidad ha traspasado todas las fronteras imaginables.

LA BÚSQUEDA DEL PLACER COMO BIEN SUPREMO

Según la narrativa bíblica, en el principio de los tiempos Dios creó el universo y colocó a Adán y Eva en el jardín del Edén, que quiere decir "delicias, placeres". Fueron diseñados para vivir una existencia placentera en un lugar planificado a medida y dentro de unas fronteras protectoras. Dice el texto bíblico que cuando Eva, tentada por la serpiente antigua (Satanás), tomó del fruto prohibido, a sus ojos, bajo su falsa apariencia, el fruto envenenado era "bueno, agradable, y codiciable".[27] La desobediencia dio lugar a la maldición divina, y Adán y Eva fueron expulsados del paraíso y forzados a habitar en la tierra de Nod[28], donde no se contaba con la cobertura y los límites protectores del paraíso terrenal. Desde entonces la satisfacción de los sentidos fue corrompida, y el enemigo de la humanidad, la serpiente antigua, usurpó el principio del placer diseñado por Dios, como potente

27. Génesis 3:6.
28. Nod: tierra del extranjero, del nómada

señuelo para atraer a sus víctimas con el único propósito de esclavizar sus vidas y condenarlas al servicio del mal.

El placer como elemento legítimo, cuando es utilizado fuera de los límites de su creación, se convierte en un impulso desbocado, que bajo la apariencia y fachada de "bueno, agradable y codiciable" acaba provocando dolor, adicción y soledad. La historia posterior de la humanidad que hemos resumido nos demuestra cómo el principio del placer, una vez desligado de su propósito original, genera desviaciones que navegan entre la negación del mismo como elemento al servicio del mal, y la búsqueda del placer como bien supremo al servicio del hedonismo contemporáneo.

EL PLACER COMO ELEMENTO LEGÍTIMO, CUANDO ES UTILIZADO FUERA DE LOS LÍMITES DE SU CREACIÓN, SE CONVIERTE EN UN IMPULSO DESBOCADO, QUE BAJO LA APARIENCIA Y FACHADA DE "BUENO, AGRADABLE Y CODICIABLE" ACABA PROVOCANDO DOLOR, ADICCIÓN Y SOLEDAD.

El filósofo griego Epicúreo enseñaba que el placer es un fin en sí mismo, y esa doctrina filosófica, pulida a lo largo de los siglos como uno de otros muchos ingredientes, dio lugar a la cultura del hedonismo contemporáneo, cuya tesis principal es la búsqueda del placer como el propósito principal del ser humano. La posterior evolución histórica nos demostró cómo la sexualidad fue degradada de su propósito inicial (lo que veremos en la última parte) y quedó reducida a la búsqueda de un placer egoísta y contaminado. La fascinación de lo erótico y transgresor, el culto al cuerpo, el poder de la seducción y la atracción del deseo, son los distorsionados componentes a los que hemos reducido la sexualidad en estos tiempos dominados por la cultura del placer.

El escritor de confesión protestante C.S. Lewis es el autor del libro titulado "Cartas de un diablo a su sobrino", donde un diablo experimentado aconseja a su joven sobrino sobre la mejor forma de tentar a los humanos: "Ya sé que hemos conquistado muchas almas por medio del placer. De todas maneras el placer es un invento Suyo [de Dios], no nuestro [de los demonios]. Él creó los placeres; todas nuestras investigaciones hasta ahora no nos han permitido producir ni uno. Todo lo que hemos podido hacer es incitar a los humanos a gozar los placeres que nuestro Enemigo ha inventado, en momentos, en formas, o en grados que Él ha prohibido".[29]

No dedicamos más espacio a este apartado debido a que volveremos a trabajar el tema del placer, pero en su significado pleno como creación de Dios. Nos adentramos, por tanto, en la cosmovisión de una sexualidad vendida a la cultura del placer y el hedonismo contemporáneo, donde todo lo que acabamos de mencionar se ve poderosamente potenciado por la maquinaria del *marketing* digital y las redes sociales; lo que llamamos el *marketing* del amor y que abordamos en el siguiente punto.

EL MARKETING DEL AMOR: BLANQUEO DE UNA SEXUALIDAD DISTORSIONADA

Alguien dijo una vez: "A veces compramos un producto no por la calidad de su contenido, sino por el atractivo del envase". El

---

29. C. S. Lewis, *Cartas de un diablo a su sobrino*, RIALP: Madrid, 1993, p. 42.

marketing empresarial y publicitario sigue explotando "la estrategia de la serpiente", que consiste, al igual que al inicio de los tiempos, en la seducción de los sentidos para acabar blanqueando —como si fuera algo "bueno, agradable y codiciable"— aspectos distorsionados de nuestra alma, sentimientos, emociones y voluntad. La Biblia dice: "Porque todo lo que hay en el mundo, los deseos de los ojos, los placeres de la carne, y la vanagloria de la vida, no provienen del Creador, sino del sistema, y el mundo pasa y sus placeres y deseos, pero el que hace la voluntad de Dios permanece para siempre".[30] No se trata de negar el placer y el deseo, no podemos negar la satisfacción legítima de los mismos, sino la seducción que proviene de su mal uso y de la distorsión, pues cuando el placer y el deseo provienen específicamente de una sexualidad mal enfocada, entran en el terreno poderoso de la atracción a lo prohibido y transgresor, pudiendo llegar a provocar, como justificaremos más adelante, distorsiones que pueden entrar en el plano de lo adictivo.

Por ello, una de las estrategias con mayor poder de atracción es la utilización de la sexualidad como señuelo publicitario, un recurso que apela directamente a las emociones y deseos más primarios del ser humano. Alguien dijo que las redes sociales son como "un dispensador automático de afectos", y es que el ser humano emplea las aplicaciones digitales (de forma inconsciente pero plenamente consciente por parte de los programadores informáticos) para sentir y percibir gratificaciones constantes. Este es el camino perfecto para la compulsión y la adicción digital. Bajo esta sutil estrategia y bajo la cosificación del cuerpo, se nos ofrece cualquier tipo de producto imaginable, desde unos

---

30. 1 Juan 2:16-17.

calcetines hasta un automóvil. Es lo que se conoce como *"marketing* sensual".

El poder de este *marketing* sensual va mucho más allá de las ganancias económicas que genera, y uno de los daños colaterales que también produce es la construcción de un estilo de vida irreal, donde se vende una peligrosa manera de vivir en torno a la sensualidad, el atractivo físico, el lujo y el glamur. Por lo tanto, sus campañas no solo venden productos, sino que también generan aspiraciones y modelos de belleza y ética de vida que los consumidores desean imitar; y dado que como muchos no lo consiguen, los lleva a cuadros depresivos, trastornos alimentarios, etc.

Al respecto, el periodista Pedro Martínez afirma: "Además, es importante considerar cómo el *marketing* sensual puede influir en la percepción del consumidor sobre su propia identidad y cuerpo. La constante exposición a imágenes de cuerpos idealizados y sexualizados puede generar expectativas irreales sobre la apariencia física y el atractivo personal, lo que puede tener un impacto negativo en la autoestima y la salud mental de los consumidores, especialmente entre adolescentes y jóvenes. Las marcas que abusan de este tipo de representaciones pueden ser acusadas de contribuir a la perpetuación de estereotipos dañinos y de fomentar una cultura de superficialidad…, también conlleva una responsabilidad significativa en términos de los mensajes que transmite y el impacto que tiene en la sociedad".[31]

El poder central de esta maquinaria publicitaria en torno a la sexualidad es la naturaleza del estímulo sexual en sí mismo.

---

31. Pedro Martínez, *"Marketing* sensual", Ciudad Santa Catarina, 2024. https://stacatarina.mx/consejos/marketing-sensual-cuando-la-sexualidad-se-convierte-en-el-centro-de-las-estrategias-de-venta/

No olvidemos que la sexualidad es una fuerza profundamente arraigada en la parte más íntima y vulnerable del ser humano, que posee la capacidad de provocar respuestas inmediatas desde el plano sentimental y emocional. Esto apela directamente a lo que se denomina como "el corazón del cerebro", es decir, el sistema límbico, que es la parte de nuestro cerebro donde se alojan los recuerdos y las emociones que acaban generando las llamadas hormonas de la felicidad como la dopamina o serotonina. A su vez, deriva en un fuerte vínculo emocional y una asociación "positiva" sobre el producto o la marca que se publicite.

LA SEXUALIDAD ES UNA FUERZA PROFUNDAMENTE ARRAIGADA EN LA PARTE MÁS ÍNTIMA Y VULNERABLE DEL SER HUMANO, QUE POSEE LA CAPACIDAD DE PROVOCAR RESPUESTAS INMEDIATAS DESDE EL PLANO SENTIMENTAL Y EMOCIONAL.

"El *marketing* sensual se ha consolidado como una de las estrategias más efectivas en la publicidad moderna, especialmente en un mercado saturado, donde captar la atención del consumidor se ha vuelto una tarea cada vez más difícil. La eficacia de esta estrategia radica en su capacidad para activar respuestas emocionales y fisiológicas en los espectadores, lo que puede traducirse en una mayor recordación del anuncio y, por ende, en un incremento en las ventas. Para comprender mejor esta eficacia, es esencial analizar varios factores clave: la naturaleza del estímulo sexual, la psicología del consumidor y los contextos en los que el marketing sensual ha demostrado ser particularmente exitoso".[32]

En definitiva, concluimos afirmando que "el sexo vende". Es un arma poderosa que genera, por un lado y desde el ámbito comercial, cantidades millonarias en las arcas de los publicistas y estrategas del *marketing* sensual; y por otro lado, desde el ámbito de lo social e identitario, provoca distorsiones de la imagen, la identidad y la autopercepción de la población más vulnerable como son los niños y adolescentes. Esta es la parte más preocupante, pues trata a las personas como un producto de consumo al negociar con su intimidad y provocar todo tipo de distorsiones sociales como ya hemos mencionado.

2.2 LA HIPERSEXUALIZACIÓN INFANTIL: LA INOCENCIA ROBADA

REDES SOCIALES: LA SACRALIZACIÓN DEL CUERPO Y LA TIRANÍA DE LA IMAGEN

Otra definición de hipersexualidad, según el Informe Bailey[33] en el Reino Unido, introduce el concepto de la hipersexualización infantil y lo define como "la sexualización de las expresiones, posturas o códigos de la vestimenta considerados como demasiado precoces". Esto avala la realidad que ya venimos constatando, de que se está reduciendo la identidad individual exclusivamente a su dimensión sexual.

---

32. *ibid*. Para ahondar más en estos aspectos recomendamos los libros de Clemente Ferrer, experto en publicidad, y el periodista Pedro Martínez.
33. Estudio sobre sexualización y comercialización de la infancia, elaborado en 2011 por Greg Bailey, primer director ejecutivo hombre de *Mother's Union*, del Reino Unido.

Hay investigadores que también inciden en que la sexualización prematura en la infancia afecta mayormente a las niñas, e influye en el exagerado interés por su aspecto físico con el fin de imitar a cantantes, actrices y modelos que triunfan en las redes, así como en la adopción de conductas que no se corresponden con su edad y madurez mental. Esto se denomina "erotización patológica de la infancia" y, desde luego, lleva asociados riesgos importantes relacionados con su imagen y autoestima.

EL AMORTIGUADOR EMOCIONAL DE LA INOCENCIA INFANTIL HA QUEDADO RELEGADO, Y SU LUGAR HA SIDO OCUPADO POR ATUENDOS PROVOCATIVOS Y EROTIZADOS QUE LES OTORGAN UN EMPODERAMIENTO SENSUAL QUE NO SE CORRESPONDE CON SU EDAD.

Es cierto que por motivos culturales asumidos, la pública exposición de los infantes en las redes sociales ha sido siempre un recurso normalizado para transmitir sensaciones entrañables y positivas, como espontaneidad y frescura, ternura e inocencia. Pero lamentablemente y debido al *marketing* sensual mencionado, esta imagen de ingenuidad infantil ha cambiado drásticamente. El amortiguador emocional de la inocencia infantil ha quedado relegado, y su lugar ha sido ocupado por atuendos provocativos y erotizados que les otorgan un empoderamiento sensual que no se corresponde con su edad.

Parafraseando a Anna Plans, politóloga especializada en filosofía y neurociencia, ella menciona cómo la Asociación

Americana de Psicología, la poderosa APA, advirtió de las consecuencias negativas de la hipersexualización infantil, denominándola como "una forma de violencia que ofende la dignidad de las niñas y perjudica su desarrollo como personas, al ser usadas como objeto de cosificación".[34] Particularmente centrado en las niñas, el informe enumera los peligros de la hipersexualización:

1. El peligro de concentrarse en la apariencia física como principal fuente de aceptación, disminuyendo las habilidades cognitivas y perdiendo oportunidades.

2. Se adopta un rol pasivo que dificulta el desarrollo de habilidades sociales.

3. Influye negativamente en su percepción de la virginidad y de las relaciones sexuales, favoreciendo factores de riesgo como el embarazo prematuro, abortos, transmisión de enfermedades sexuales, etc.

4. Influye en sus relaciones con las demás chicas por competitividad con los chicos, y por rechazo a las chicas que no entren en el ideal de belleza.

5. Favorece el acoso y la violencia sexual de los chicos hacia ellas.

6. Se devalúa el concepto del amor, separando la actividad sexual del vínculo afectivo y del compromiso.

7. Provoca frustración por imposibilidad de cumplir con los estándares de la moda y la perfección de los cuerpos "ideales".

Es lamentable ver cómo muchos infantes y adolescentes están diseñando su identidad según su imagen. La propia

---

34. A. Plans, *Respeta mi sexualidad*, Ediciones Nueva Eva, 2020, p. 28.

imagen que muchos jóvenes proyectan a las redes está "trucada" mediante el maquillaje virtual con aplicaciones para sombrear, clarear y estilizar la figura, con el único propósito de competir por el mayor número de *likes* que sigan dándoles subidones de dopamina. Esto favorece el surgimiento de comportamientos difíciles de controlar y que pueden llegar a ser adictivos, ya que les alejan de relaciones reales profundas por miedo a que se descubra la fragilidad de su fachada virtual que no se corresponde con lo proyectado. Es la tiranía de la imagen.

Los psicólogos saben que uno no actúa de la misma forma cuando vive una experiencia real que cuando se siente observado y analizado por otros. El cerebro y las emociones no reaccionan del mismo modo si se saben observados, hay que dejar a un lado tu experiencia de vida para actuar, para sonreír aunque estemos tristes, vendiendo una apariencia que no corresponde con la realidad. La imagen proyectada es la clave, la ropa, el maquillaje real y el retoque o maquillaje virtual. Casi estamos creando nuestro propio avatar, y todo ello nos sitúa en una realidad paralela, en una virtualidad que nada tiene que ver con la realidad auténtica.

Al final en estas plataformas se vende la imagen virtual, provocando modelos imposibles que generan ansiedad. Esa comparación *constante*, esa proyección *constante* viendo *constantemente* la vida de otras personas, genera un desmesurado interés por esas expectativas irreales que van a precipitar el uso y abuso de nuestra imagen, el uso de nuestra sensualidad/sexualidad para conseguir la validación y la aprobación de otros.

Todo lo relacionado con la sacralización del cuerpo y la tiranía de la imagen, provoca que en la adolescencia temprana se vea afectada la visión, y en algunos casos aun la práctica precoz de la sexualidad, que se ve sometida a exigencias, a falsas expectativas, al miedo de que se descubra cómo soy realmente. Incluso se les lleva a preferir, debido a estos temores, el autoerotismo y la masturbación antes que relaciones reales, lo cual resta espontaneidad y entorpece las relaciones auténticas "de carne y hueso", lo que provoca al final que la sexualidad se reduzca al componente de su envoltorio exterior: belleza, culto al cuerpo, sensualidad y frivolidad. Es la soledad y el aislamiento propio del mundo virtual.

DE LA INTIMIDAD PERSONAL A LA EXTIMIDAD SOCIAL

En el entorno de las redes sociales, y afectando mayormente a la población más joven, asistimos a una moda peligrosa: el intercambio de información personal sobre conocidos, amigos o personas que sencillamente captan nuestra atención por determinado comportamiento o rasgo de su vida. Es una forma de "exhibicionismo virtual" que está teniendo un éxito desmesurado provocado por la curiosidad, el cotilleo virtual o aun el morbo recibido al contemplar la vida privada de otros a través de una pantalla, al más puro estilo del popular *reality show* "Gran Hermano". Como dice Valeria Sabater: "Nos hemos convertido en cotidianos *voyeurs* de la vida ajena",[35] o como dijera Winston Churchill: "El gran problema de la sociedad es que no quiere ser útil sino ser importante".

Se trata de algo adictivo que puede generar un efecto de réplica, debido a que nos invade el deseo y la tentación apremiante de mostrar también nosotros nuestra propia vida en la esfera de lo privado, y así asistimos al fenómeno de jóvenes que han hecho de las redes sociales su ventana indiscreta por la que

---

35. Valeria Sabater, "Extimidad, cuando la intimidad se hace pública. La mente es maravillosa", 2020: https://lamenteesmaravillosa.com/extimidad-cuando-la-intimidad-se-hace-publica/

uno observa y se deja observar. La intimidad ha dejado de ser un valor en alza y se ha convertido en una competencia para conseguir más seguidores, más *likes*, y mayor éxito social, diluyendo los límites del pudor o la prudencia. Cada vez son más los infantes y adolescentes que suben fotos personales, íntimas, imágenes de su vida privada, de su hogar, de su cuerpo, muchas veces con claro contenido sensual y sexual. Se llama extimidad, y ahora lo explicamos.

> ## LA INTIMIDAD HA DEJADO DE SER UN VALOR EN ALZA Y SE HA CONVERTIDO EN UNA COMPETENCIA PARA CONSEGUIR MÁS SEGUIDORES, MÁS *LIKES*, Y MAYOR ÉXITO SOCIAL, DILUYENDO LOS LÍMITES DEL PUDOR O LA PRUDENCIA.

Hace ya bastantes años el psiquiatra francés Jacques Lacan acuñó el término "extimidad" para describir la inercia de las personas a hacer pública su intimidad. Hoy la vida de la mayor parte de la población infanto-juvenil se ha convertido en un espectáculo, donde constantemente estamos revelando información sobre nuestra vida privada. La extimidad tiene que ver con una peligrosa práctica social en la que las nuevas tecnologías nos impulsan a mostrar una parte de nuestra intimidad y vida privada a la esfera pública y, en concreto, al mundo digital.

Dicho de otra manera, vivimos una realidad en la que lo privado se manifiesta con frecuencia en la esfera social, desnudando nuestra intimidad y haciéndola pública, lo que distorsiona en los infantes la forma de entender el mundo y de relacionarse. Y es que al final, hacer público lo privado nos visibiliza, nos da presencia en un escenario tecnológico y digital en el que a menudo se entiende que si no apareces, simplemente no existes.

El fenómeno de la extimidad revela una inmadurez emocional alimentada, entre otros factores, por el número de *likes* recibidos, que influye no solo en la popularidad, sino en el sentimiento de gratificación y autoestima que uno experimenta. Todo ello lleva a un estado de vulnerabilidad constante que deriva en jóvenes profundamente inseguros. Marian Rojas recalca la importancia de conocerse para alcanzar una correcta gestión emocional. Dice que para ello es necesario que exista una unidad de criterio entre estas cuatro facetas de la vida:

✓ Lo que los demás piensan de mí: *mi imagen*

✓ Lo que creo que soy: *el autoconcepto*

✓ Lo que soy en verdad: *mi esencia*

✓ Lo que muestro en las redes: *mi e-imagen*

De esta forma, el no tener un correcto equilibrio entre estas cuatro facetas afecta de forma profunda al comportamiento y al desarrollo de las emociones, y acaba corrompiendo a la persona por dentro. Es curioso cómo el ser humano está diseñando su identidad, su propio yo, según su *e-imagen*, concepto acuñado por el profesor José Luis Brea, quien habla de la era de la "e-imagen", es decir, la imagen electrónica. Esta *e-imagen* se diferencia fundamentalmente de las dos eras anteriores, *imagen-materia* (pictórica), e *imagen-movimiento* (cine), ya que al carecer de las limitaciones de un soporte físico o espacial, tiene muchas posibilidades de acción en lo digital. De este modo, muchos jóvenes viven obsesionados con el tipo de foto (con retoques infinitos), que acaban subiendo a las redes, intentando resaltar una *e-imagen* que casi nunca encaja con la vida real.

El concepto de la extimidad tiene graves implicaciones cuando lo conectamos con la forma de entender y vivir la sexualidad, cuyo componente principal es precisamente la intimidad, el concepto opuesto a lo que venimos hablando. La extimidad es una vía de escape, una huida hacia adelante que nos priva de enfrentarnos con nosotros mismos y de enfrentar relaciones sociales "de piel", relaciones reales, no desvirtuadas y pasadas por el filtro de las redes sociales.

EL IMPACTO DE LAS REDES SOCIALES EN LA CONDUCTA SEXUAL

El mundo ha cambiado a una velocidad de vértigo. La revolución digital que tiene sus orígenes en 1969 con la creación de internet por parte del Departamento de Defensa de Estados Unidos, ha abierto la puerta a un universo digital y a un cambio de paradigmas sin precedentes en la historia. Es innegable que el progreso ha traído innumerables beneficios y una cultura del confort como nunca antes habíamos sospechado. El problema es que hemos prescindido, con la superación de todos los aspectos oscuros y restrictivos del pasado, de elementos legítimos sin los que no se puede vivir, pues como dice el refrán "con el agua de la bañera, hemos tirado también al niño"; y en aras del progreso digital hemos sacrificado los valores, las normas y los principios que nos dignifican como seres gregarios y solidarios que buscan el bien común.

Las nuevas generaciones que nacen en esta aldea global digitalizada, desde los nativos digitales a los inmigrantes digitales,[36]

---

36. Aquellos que se han adaptado al uso de los medios digitales ya en la edad adulta.

se han dejado seducir por la fascinación de las nuevas tecnologías, incorporándolas en su vida cotidiana, en sus comunicaciones y en la forma de relacionarse socialmente, modificando así sus patrones de conducta sexual. Podríamos decir que estamos en la segunda revolución sexual de la era digital, una revolución que ha cambiado profundamente los paradigmas a la hora de entender las relaciones sexuales y su auténtica profundidad.

CUALQUIER ATISBO DE ESTRUCTURA ÉTICA NORMATIVA QUEDA DILUIDO EN UN ESCENARIO DE REALIDAD PARALELA, DONDE LA DIMENSIÓN PLENA DE LA SEXUALIDAD SE VE DESPOJADA DE RELACIONES AUTÉNTICAS Y VÍNCULOS ESTABLES.

La cultura judeocristiana, a pesar de sus errores históricos debido a la mala praxis de los nobles principios bíblicos, ha traído prosperidad y contención a los países de Occidente. Sin embargo, la ruptura a la lealtad con este sistema universal ordenado y predecible ha dejado paso a un mundo que transita de la sociedad sólida hacia la sociedad líquida y gaseosa,[37] donde cualquier atisbo de estructura ética normativa queda diluido en un escenario de realidad paralela, donde la dimensión plena de la sexualidad se ve despojada de relaciones auténticas y vínculos estables.

El nuevo ecosistema mediático que estamos creando se nutre de la fluidez, la superficialidad y virtualidad de las relaciones, donde se está favoreciendo la normalización de relaciones

---

37. Para explicar los estados materia ver mi libro *Mundo volátil*, p. 29

virtuales y, por lo tanto, artificiales. Allí no se produce el encuentro real, el vínculo afectivo "en carne y hueso", sino que se introduce la tentación de evitar fácilmente en las relaciones sociales —y aun específicamente en las relaciones sexuales— la implicación a fondo y el compromiso. Estas relaciones virtuales, como menciona el sociólogo Z. Bauman, "provistas de las teclas *suprimir* y *spam*, nos protegen de todo lo que apunte a obligación, fidelidad, compromiso, etc., es decir, a todo lo que supone una interacción social con sentido de profundidad. Así la solidez del amor se diluye, y queda relegada al vínculo sin rostro que ofrece la realidad virtual".[38]

Esto favorece un concepto de la sexualidad basado en el amor de cristal, un amor frágil e inestable que se mueve por intereses egoístas y emociones pasajeras, un amor de cristal que vende una sexualidad abaratada al carecer de los componentes de compromiso, fidelidad, entrega y búsqueda del bien común. Hemos desterrado "el lenguaje de la piel" en beneficio de la virtualidad, olvidando que el ser humano no puede vivir sin la expresión del mencionado lenguaje que contiene toque físico, abrazos, caricias, palabras de afirmación, ternura. Es la cultura del encuentro, el vínculo afectivo y efectivo que se nutre del paquete completo de los cinco sentidos (oído, vista, olfato, tacto, gusto), lo que todavía no puede hacer la virtualidad. En definitiva, lo que llamamos *sexualidad emocional*, y que más adelante explicaremos cuando nos toque hablar de la verdadera dimensión de una sexualidad dignificada por los principios que emanan del Dios creador y diseñador de la auténtica dimensión sexual.

---

38. Z. Bauman, *Vida líquida*, Austral: Barcelona, 2023.

Las redes sociales, como Facebook, Instagram, Twitter o TikTok han proporcionado a las nuevas generaciones una plataforma para compartir sus vivencias, sentimientos e imágenes con una audiencia diversificada y casi ilimitada. En lo que atañe a la sexualidad, estas plataformas han supuesto un poderoso impacto en la forma en que los jóvenes perciben la sexualidad y su proyección hacia los demás. Cabe mencionar que en cuanto a las aplicaciones de citas, estas han tenido un impacto profundo en la forma en que las personas experimentan su sexualidad y buscan pareja en la era digital. Es cierto que en algunos casos han servido para conectar a personas que buscan relaciones estables con proyección a futuro, pero cuando son utilizadas para la búsqueda egoísta de relaciones sexuales sin compromiso el problema es real, pues se está normalizando la cultura del "hookup", o encuentros sexuales casuales. Estas aplicaciones facilitan la búsqueda de parejas casuales basándose en criterios físicos y geográficos, simplificando así el encuentro sexual con otras personas que buscan experiencias puntuales donde no se pretende "conocer", solo "consumir".

Ya hemos mencionado que el nuevo entramado social marcado por las redes no es solo una ingenua opción de ocio y entretenimiento, sino que, además y sobre todo, supone un nuevo paradigma, otra forma distinta de relacionarnos con nuestros semejantes que modifica profundamente los patrones de conducta naturales y educa en los nuevos códigos sociales de comunicación. Esto provoca cambios culturales de tendencia, ya que constantemente están adoctrinando a los jóvenes a través de *influencers* que marcan pautas en la estética, la moda, la forma de hablar y, en general, en la cosmovisión de las nuevas generaciones.

Con base en esto, las estadísticas sostienen que la frecuencia de relaciones sexuales reales ha descendido, siendo rebasada por las relaciones sexuales virtuales (porno, *sexting*, sexo en línea, etc.). El problema es que el consumo de sexo en línea produce una disrupción con los procesos naturales de conocerse, intimar, tener en cuenta los sentimientos del otro y buscar el encuentro afectivo. En el entorno virtual no hay que negociar ni trabajar nada, ni el momento adecuado, ni la predisposición en la actitud, ni el lugar propicio, etc., simplemente podemos acceder a todo tipo de expresiones sexuales sin tener que acordarlas, nos encontramos siempre con personas virtuales dispuestas en todo momento y con una oferta ilimitada de cuerpos "a la carta" para suplir cualquier deseo. Este gran abanico de engañosas "posibilidades y ventajas" de las redes sociales no necesita de desplazamiento físico ni preparación por nuestra parte, ni trabajo en la relación como ya hemos visto. Además, tiene una retroalimentación y respuesta rápida y directa, de fácil acceso, con personas siempre sonrientes, seductoras y disponibles bajo la opción del anonimato. Esto genera una especie de psicosis digital, y nos sitúa en una realidad paralela que produce aislamiento, egoísmo e individualismo, dificultando las relaciones reales con las que hay que negociar y acordar todo, y generando falsas expectativas que dificultan la comunicación cuando se pretende tener relaciones con personas de la vida real.

2.3 LA FRUTA PROHIBIDA: *EL PLACER DE LO OCULTO*

EL RITUAL DE CORTEJO Y LA FASCINACIÓN DE LA CONQUISTA

Estamos viendo cómo en la lucha contra la corriente de esta sociedad líquida, los innumerables "cantos de sirena" (que en realidad afectan a cualquier rango de edad, aunque en este apartado nos centraremos en la población adulta) persiguen atraernos con la erotización de los medios de comunicación y la perversión de la sexualidad. La industria del sexo, sea con pornografía o prostitución, abarca desde el consumo mayoritario de hombres heterosexuales, pasando por toda la gama de identidades paralelas (homosexualidad, transexualidad, lesbianismo, pedofilia), y es junto al comercio de armas y el tráfico de drogas uno de los negocios más lucrativos del mundo. El sexo vende principalmente por dos motivos. Por un lado, está la fascinación y la fuerza de un erotismo transgresor y poderosamente seductor, que atrapa el alma de las personas privándolas de la razón y la sensatez; y por otro lado, la sexualidad que cuando se pervierte y degrada, cuando no se protege con límites, se convierte en un caballo desbocado que genera compulsión y adicción en la conducta. Esto llega a atrapar la voluntad de muchas personas en una espiral de corrupción que destruye vidas y familias.

La industria de la pornografía ha estado siempre más vinculada al mundo masculino. Creemos que esto sucede por un aspecto biológico y otro cultural. De esto último diremos que históricamente la primacía del mal llamado "sexo fuerte" sobre el mal llamado "sexo débil" ha propiciado una cosmovisión machista e impositiva, que también ha condicionado la visión de la sexualidad y aún de la pornografización de la misma, bajo la cultura de la falocracia, esto es, del predominio del hombre sobre la mujer en casi todos los aspectos de la vida.

Biológicamente el hombre fue diseñado para que su llave de ignición sexual sea la vista. El hombre se excita por lo que ve, y dado que según el texto bíblico "la lámpara del cuerpo es el ojo",[39] es más fácil que la atracción sexual en nuestra cultura donde predomina la imagen, ataque principalmente al sexo masculino, a los hombres. Aunque es cierto que otro de los signos de la sociedad líquida en la que vivimos, donde todo se mezcla y difumina, es la realidad de que las mujeres están asumiendo comportamientos sexuales tradicionalmente asignados al varón. Pero no se trata de una superación cultural de roles de género, sino de una tergiversación del orden natural sobre la base de cómo Dios nos creó en el principio. En ese orden natural, y reafirmando que la llave original para la excitación masculina es la vista, la historia bíblica de Job, uno de los patriarcas de la edad antigua conocido por su justicia e integridad, es reveladora sobre la universalidad del hecho que estamos mencionando. De este modo, Job al final del libro confiesa: "Yo había convenido con mis ojos, no mirar con lujuria a ninguna mujer".[40]

A pesar de que vivimos en una sociedad donde se difuminan los rasgos y límites que diferenciaban hombres y mujeres en roles definidos, y donde sexo y género ya no pertenecen al ámbito de la biología (todo lo cual refutaremos más adelante), e incluso aunque el sexo femenino está incursionando en ámbitos y costumbres sexuales tradicionalmente adscritos al varón, seguimos defendiendo con base en las evidencias que el alma de los hombres es especialmente vulnerable al embrujo de la

---

39. Mateo 6:22.
40. Job capítulo 31

seducción y a la atracción de una sexualidad desconectada del soporte de lo afectivo y de la base del compromiso.

Te cuento una historia: apenas comenzaba la semana, y muy de mañana, Sergio ya estaba enfrentando una seria crisis en las finanzas de su departamento. Para colmo, la discusión no resuelta con su esposa no dejaba de traerle una mezcla de culpa y frustración. Llegada la hora del desayuno, como cada día bajó al restaurante de la esquina y se sentó en la única mesita vacía frente a la terraza. Al momento, una joven y atractiva camarera, que debía ser nueva, se le acercó sonriente al tiempo que se inclinaba para limpiar la mesa mostrando un generoso escote. "¿Qué desea tomar?", le preguntó la joven sin abandonar la seductora sonrisa. Llegado ese momento la frustración de Jorge parecía verse recompensada con una visión tan placentera y atrayente, y casi al mismo tiempo sintió una mezcla de deseo y temor, de placer y culpa, mientras en lo más profundo de su mente algo le decía que tenía derecho a fantasear un poco, después de una mañana tan decepcionante.

Y es que en la inmensa mayoría de los hombres está la posibilidad de que se despierte un fuego oculto, una poderosa fascinación hacia lo sensual que nos puede paralizar, haciéndonos ser permisivos y consentidores. Si, admitámoslo, en momentos de debilidad espiritual a casi todos nos atrae la fruta prohibida. Esto es así porque nos conecta con sentimientos que pertenecen al corazón de todo hombre y al ritual de conquista: emoción, riesgo, atracción al cortejo, una pulsión que si no se frena, puede llegar a una poderosa atracción egoísta de posesión ilegítima donde se mezcla la lujuria, el control, el poder y la dominación. Aspectos que lamentablemente han dado lugar a trágicas situaciones de abuso, violaciones y asesinatos.

Cuando el hombre se deja llevar por sus instintos y cede a la fascinación de lo erótico, puede que su marco ético se derrumbe, el sentimiento se haga más poderoso que la convicción, y acabe sucumbiendo al pecado. La Biblia narra la historia del rey Salomón, cuya riqueza y sabiduría fue conocida en todo el mundo antiguo. En el apogeo de su reinado fue íntegro hasta que su corazón fue desviado y confundido por la influencia de un harén de casi mil concubinas, terminando sus días vencido por la pasión y la influencia de los dioses paganos de sus amantes. A Salomón se le atribuye la autoría del libro de los Proverbios, donde advierte sobre el poder seductor de la sexualidad desvirtuada, en un pasaje denominado "las artimañas de la ramera": *Lo rindió con la suavidad de sus muchas palabras. Le obligó con la zalamería de sus labios. Al punto se marchó tras ella, como va el buey al degolladero, y como el necio a las prisiones para ser castigado; como el ave que se apresura a la red, y no sabe que es contra su vida, hasta que la saeta traspasa su corazón.*[41]

Es como si el hombre sufriera un encantamiento, una nube de fantasía, donde —como si de un niño se tratara— cae preso a merced del enemigo. Por eso hablamos de una sexualidad errónea y por tanto desconectada de la realidad y privada de los límites de la razón, el compromiso y la fidelidad a un pacto. En ese estado de degradación moral y espiritual, el hombre que no mantiene su integridad es capaz de vender su dignidad y traicionar a los suyos por un simple "plato de lentejas". Lo hemos visto muchas veces en consejería: hombres que caen en las redes de la transgresión sexual sin medir las consecuencias, para luego volver arrepentidos a sus hogares, creyendo que el pedir perdón a su esposa e hijos va a arreglar la situación, ¡qué ilusos!

---

41. Proverbios 7:21-23.

En la mayoría de los casos, la mujer está destrozada, arrasada en su autoestima y dignidad, viendo como su marido, el padre de sus hijos, es capaz de echar por la borda toda una vida. En todos los casos mencionados, y contando con que la mujer acceda, hay que iniciar un proceso de restauración donde el hombre tendrá que reconquistar el corazón de su esposa, demostrando y recuperando una confianza que fue traicionada. Todo por un instante de placer, por una locura pasajera.

CUANDO EL HOMBRE SE DEJA LLEVAR POR SUS INSTINTOS Y CEDE A LA FASCINACIÓN DE LO ERÓTICO, PUEDE QUE SU MARCO ÉTICO SE DERRUMBE, EL SENTIMIENTO SE HAGA MÁS PODEROSO QUE LA CONVICCIÓN, Y ACABE SUCUMBIENDO AL PECADO.

En el mundo femenino, y dado que normalmente la mujer no vive una sexualidad desconectada de su plano emocional, la caída en este tipo de comportamientos responde en muchos casos a carencias emocionales que tienen que ver con soledad, carencias afectivas y necesidades más desde el plano psicológico que del biológico. De nuevo, debemos mencionar que esto también está cambiando, y las nuevas generaciones alentadas por la normalización de la cultura del hedonismo también beben de la misma fuente de sexualidad pulsional y placer hedonista.

Así, el ser humano contaminado por esta sociedad hipersexualizada tiene que cambiar el rumbo para enfocarse en la búsqueda de una vida de integridad y dominio propio que nos permita tener controlados nuestros pensamientos más bajos y esa parte indómita y salvaje que muchos portamos. Lo hemos repetido, la sexualidad desviada de su curso normal es una maldición con consecuencias nefastas, pero la corriente de la sexualidad bien enfocada en el marco de una unión estable es una gran fuente de satisfacción conyugal, como también demostraremos en la última parte.

EL AMOR DE CRISTAL: LA INTIMIDAD DEVALUADA

De nuevo abordamos el concepto de la intimidad en sus vertientes negativas. Hemos mencionado la extimidad como una de las consecuencias derivadas de la exposición en redes sociales de nuestro espacio privado al público. Al final del libro, y debido a su importancia, demostraremos cómo la intimidad es el componente principal que da sentido a las relaciones sexuales y que muchas personas han conseguido. Pero ahora no estamos hablando de las bondades de la sexualidad, sino de sus perversiones, por ello nos toca mencionar la fragmentación de la intimidad, provocada por la cultura de una sexualidad frágil y quebradiza en lo que denominamos el "amor de cristal".

Uno de los aspectos que provoca la promoción libre e indiscriminada de las relaciones sexuales es "la cultura del kleenex", un amor desechable, que por un lado favorece la promiscuidad y provoca una conducta utilitarista y egoísta de las parejas sexuales, a las que puede llegar a considerarse objetos de deseo, ya que una vez satisfecho ese deseo se deja de tener interés por la persona; y por otro lado, son un "trofeo sexual", es decir, otra conquista más que añadir a la lista y llenar lo que Nicolossi llama "egofilia inmadura".

La raíz de estas motivaciones incorrectas suele encontrarse en la falta de validación personal, baja autoestima y necesidad de reconocimiento, así como la falta de madurez para afrontar una relación a continuidad que va a exigir sacrificio y compromiso. Por eso el amor de cristal se basa solo en "la física y la química", es el amor de primera fase, romántico, sentimental, basado en la novedad de la relación donde solo mostramos la cara pública y amable, lo que llamamos "la personalidad de fiesta" o el amor "de física y química", pasajero y de corta duración.

Este tipo de relaciones interesadas tienen la vida muy corta y carecen de profundidad, pues como venimos diciendo solo buscan "consumir" placer y suplir necesidades relacionadas con el ego, la baja autoestima y la falta de madurez. Estamos frente al amor de cristal, frágil, quebradizo, sin raíz, y por lo tanto con fecha de caducidad muy reducida. En el mejor de los casos, y si la relación sexual casual continúa más allá del encuentro puntual, no suele tener mucho futuro, pues una vez pasado el atractivo de la novedad, lo que se va manifestando es la realidad interna de nosotros mismos, nuestros miedos, nuestro egoísmo, la realidad de un carácter que no mostró su cara en la primera fase de la relación.

> ESTAMOS FRENTE AL AMOR DE CRISTAL, FRÁGIL, QUEBRADIZO, SIN RAÍZ, Y POR LO TANTO CON FECHA DE CADUCIDAD MUY REDUCIDA.

Cuando llegan los desencuentros o las discusiones, comienzan a romper la magia de lo que parecía una relación "de vino y rosas", se quiebra el cristal, se rompe la fantasía, y al mostrar la realidad su cara por completo, provoca la ruptura de la frágil relación, y en algunos casos se abre de nuevo la veda y comienza la caza de otra relación, que al basarla en lo superficial de las emociones e intereses personales, está condenada a una nueva ruptura, a una nueva búsqueda.

Reforzado por el paradigma de que "tengo derecho a ser feliz y a disfrutar de la vida" este tipo de relaciones de bolsillo, que solo se usan cuando uno tiene necesidad, nunca pueden permanecer como una relación estable, precisamente por no superar la primera fase del amor que es el romántico e idealizado. Es cierto que muchas personas ni siquiera buscan una relación estable, solo encuentros casuales, pero en los casos donde se pretenda construir más allá del encuentro casual, el modelo de amor de cristal no sirve. Así, y si se trata de personas con poco compromiso en sus relaciones, pueden ceder a la tentación de un nuevo proceso de conquista que reinicie el ciclo de fascinación y novedad excitante, privando a esas relaciones de los procesos necesarios y de la superación de problemas, que llegarán a consolidar y cimentar relaciones estables mediante las cuales ir construyendo el pegamento de la intimidad.

Como un aperitivo de la parte final del libro, podríamos definir en cinco las fases de amor: 1) *el enamoramiento,* que solo cuenta con la chispa inicial como factor dominante; 2) *la exploración,* donde se empieza a vislumbrar más allá de la puerta interior del otro; 3) *la decepción,* provocada con el descubrimiento de la parte inmadura que muestra la realidad por completo; 4) *la readaptación* y superación de las crisis que inicia el camino hacia un amor sólido; 5) *la construcción* de un proyecto común a futuro. Porque es precisamente "el tomar tierra" cuando nos damos cuenta de que el otro también esconde su mundo interior imperfecto, y eso puede llevar a las parejas a ir profundizando y cambiando el paradigma del "me gustas", que alude a "mi deseo" egoísta, por el "te amo", más enfocado en suplir "tus necesidades". Uno es de *consumo* y otro de *entrega*. La sexualidad forma parte del amor de entrega, el amor *ágape*, del que también hablaremos más adelante y que se expresa con un balance entre deseo y ternura, placer y sacrificio.

Otro daño colateral de la banalización de la sexualidad y el componente de promiscuidad que la suele acompañar es lo que denominamos la fusión sexual. En la explosión de placer que produce el orgasmo con una pareja sexual ocasional o consumiendo sexo en línea, aquello que estás mirando y con lo que te estás conectando (sea tu pareja, sea pornografía u otra persona) queda pegado emocionalmente a ti y tú a aquello, en lo que se llama la fusión sexual. Parte de tu intimidad más profunda, sensible y privada se expone en toda su vulnerabilidad.

Si es con tu pareja, produce intimidad; si es una relación ilícita, produce cuando menos vacío, y en la mayoría de los casos sentimientos de culpa. La fusión sexual fuera del matrimonio es una violación de tu identidad e intimidad que se fracciona y desparrama sin control. De nuevo el manual del fabricante, la Biblia, tanto en el libro de los Proverbios, como en la primera carta que el apóstol Pablo escribe a la iglesia de Corinto, nos advierte de esto:

Bebe el agua de tu propio pozo, comparte tu amor únicamente con tu esposa. ¿Para qué derramar por las calles el agua de tus manantiales teniendo sexo con cualquiera?[42]

---

42. Proverbios 5:15-16 (NTV).

¿O no sabéis que el que se une con una ramera es un cuerpo con ella? Porque dice: Los dos serán una sola carne.[43]

En definitiva, el amor de cristal es una evolución del "amor libre" que proclamó la revolución sexual, y se ha constituido como una estafa donde nos han vendido una quimera, un ingenuo espejismo que distorsiona las bondades de una sexualidad que cuando no se comprende desde un pacto de fidelidad a la persona amada, fragmenta la intimidad. Así las cosas, solo se puede vivenciar desde su dimensión erótica, que puede parecer placentera, pero que tiene la vida muy corta y por sí sola nunca puede llenar las necesidades del alma humana. Resumimos, dentro de la hipersexualización de la sociedad, tres rasgos característicos de la cultura erotizada en la que vivimos:

1. La reducción de la sexualidad al componente del placer. *El hedonismo contemporáneo*

2. La reducción del amor a su vertiente emocional y quebradiza. *El amor de cristal*

3. La confusión de género que atenta contra la identidad de las personas. *El transfuguismo sexual*[44]

PORNOGRAFÍA Y AUTOEROTISMO: UNA ISLA LLAMADA SOLEDAD

La pornografía entra dentro de lo que se denomina "drogas sin sustancia" y es, sin lugar a dudas, junto con las parafilias[45] de las que forma parte, el aspecto más extremo y perverso de la sexualidad. Su poder de seducción es grande, y cuando sucumbimos a su atracción produce una corriente fortísima de placer lujurioso y adictivo. La pornografía reduce el sexo al placer egoísta

---

43. 1 Corintios 6:16.
44. Indica una huida de un lado a otro de la sexualidad original.
45. Pedofilia, bestialismo, voyerismo, exhibicionismo, etc.

privándolo de su dignidad y valor. El *querer* con sus valiosos matices de entrega y ternura, es sustituido por el *desear* en sus connotaciones egoístas más ligadas al instinto y la pasión. Se trata de la búsqueda del mayor placer a costa del menor compromiso, y cuando eso ocurre, de "sujeto" se pasa a "objeto", convirtiéndonos en marionetas de esa fuerza destructora y favoreciendo además con el consumo, el oscuro negocio de la esclavitud sexual y la trata de personas. Como vemos, es una trampa con un altísimo poder de seducción y que en la mayoría de los casos opera desde la privacidad de nuestros hogares. Al respecto ya nos advierte el libro de los Salmos en sus sabios consejos: *En la integridad de mi corazón andaré en medio de mi casa, no pondré delante de mis ojos cosa injusta.*[46]

En este aspecto de una sexualidad depravada, como es la pornografía, y que alcanza por igual a todos los rangos de edad, tenemos que estar muy vigilantes. Hay que medir muy bien las consecuencias de nuestros actos para que la culpa y la lealtad a nuestros principios sea más fuerte y poderosa que la tentación. Este poder de atracción todavía sigue estando más conectado en la población masculina y, desde luego, es bien conocido por los publicistas del *marketing* sensual que, como también ya hemos mencionado, imitan la táctica de la tentación en Génesis 3, donde nuestros sentidos pueden ser seducidos por lo que a nuestros ojos pareciera ser "bueno, agradable y codiciable".

Sí, es la estrategia de la serpiente antigua, la impactante historia de quien fue Lucifer, que ostentando el máximo rango celestial de arcángel y serafín como ángel de luz en las esferas celestiales, anidó en su corazón el perverso orgullo de querer ser igual a Dios. Esa fue la razón por la que fue desterrado, y

---

46. Salmos 101:2-3.

en la noche de los tiempos arrojado a la tierra arrastrando a una hueste de ángeles caídos leales a su malvada causa. Su oscura misión desde entonces es atrapar el alma del ser humano en una cárcel de tinieblas, para que nunca recupere el paraíso perdido de luz y libertad al que tienen derecho todos los hombres y mujeres de la tierra. La pornografía, como moderna manzana de la tentación y fruto prohibido, pertenece a los cantos de sirena de esta sociedad que intentan seducir y atrapar a las almas incautas.

EL *QUERER* CON SUS VALIOSOS MATICES DE ENTREGA Y TERNURA, ES SUSTITUIDO POR EL *DESEAR* EN SUS CONNOTACIONES EGOÍSTAS MÁS LIGADAS AL INSTINTO Y LA PASIÓN.

Las perversiones sexuales tienen un alto poder de atracción, pues forman parte de las tentaciones básicas sobre lo que la Biblia denomina pecado, es decir, actos contrarios a la voluntad de Dios. El poder de seducción de la pornografía, mayoritariamente en línea, es muy poderoso. La inmediatez en el uso de las redes permite que se necesiten apenas unos segundos para encontrar pornografía en línea, además cumple lo que algunos denominan la triple A de la pornografía:

Accesible: todo el mundo ya tiene móvil o celular, está en el hogar, no hay que salir fuera.

Asequible: es gratis, solo tienes que entrar a internet y teclear las palabras.

Anónima: parece que nadie te ve, estás en completa intimidad, no hay riesgo aparente de que nadie te descubra. Y aún podríamos añadir la A de *adictiva* dentro de sus muchas consecuencias negativas.

En la narrativa bíblica tenemos la historia del rey David, uno de los grandes monarcas del Reino de Israel. En una ocasión se encontraba en el palacio, pues había enviado a sus hombres a la guerra; y al caer la tarde, después de haber descansado, David se levantó. Era un hombre solo y ocioso. Cuenta el relato que subió a la azotea de palacio desde donde observó a una hermosa mujer bañándose en el río. Seguramente su cuerpo esbelto y desnudo despertó en David un excitante interés que no supo detener a tiempo. Ella era Betsabé. El rey envió a buscar a aquella hermosa mujer, y en las alcobas reales la violó, expulsándola después como si de una cualquiera se tratara.

Seguramente acuciado por la culpa y reconociendo la gravedad de la situación, el rey David mandó llamar al marido de aquella mujer que se encontraba en la batalla para que fuese a su casa y al dormir con su esposa, pudiera justificarse un posible embarazo. Sin embargo, su marido, de nombre Urías, se negó en repetidas ocasiones, pues consideraba un agravio hacia sus hombres disfrutar con su mujer mientras ellos estaban en la guerra. Finalmente el rey decide la muerte del marido de Betsabé ordenando que lo llevaran al frente de batalla, allí las saetas del enemigo acaban con su vida. Todo comenzó con una mirada, luego un pensamiento lujurioso, luego un acto de adulterio, luego el asesinato de Urías. ¿Te das cuenta querido lector? Todo comenzó con una mirada…

Pasemos el ejemplo a nuestro terreno cotidiano. Imagínate que estás en casa, en tu tiempo de descanso, o quizá aburrido y desalentado por cualquier motivo. Luego te sientas en tu sillón favorito mientras enciendes la pantalla de tu computadora o celular. Se trata de las modernas "terrazas de palacio" que te incitan a contemplar a las modernas "Betsabé del siglo XXI", las hay para todos los gustos. Estás solo y has tenido un día duro, te justificas y te crees merecedor de una pequeña gratificación. Por tanto, cedes a la tentación del sexo en línea y acabas masturbándote… todo comenzó con una mirada, y al igual que en la triste historia de David, también acabas "matando a Urías". ¿Sabes el significado del nombre de Urías? Quiere decir "la luz de Yahvé". Cuando acabamos cediendo a la tentación es como si "matáramos" la luz de la cobertura divina y esta se apagara, dejándonos expuestos a los peligros de la oscuridad.

Pero te cuento otra historia, en este caso contemporánea: Rosa es una mujer de mediana edad, casada desde hace 20 años, vive una relación matrimonial rutinaria y estancada. Su marido, un hombre de negocios muy enfocado en su trabajo, apenas le presta atención. Sus relaciones sexuales son cada vez más esporádicas, y los gestos de cariño, la complicidad y la ternura son solo un recuerdo de épocas mejores. Rosa trabaja en una agencia de publicidad, y con el tiempo comienza una amistad con un compañero de la redacción. Mario es un hombre divorciado, sonriente y amable, su sensibilidad y mirada cariñosa cautivan el necesitado y vulnerable corazón de Rosa. Una lluviosa tarde, al salir del trabajo, él la invita a un café, ella le cuenta de su soledad, él la escucha, ella se siente comprendida, él la toma de la mano… sus miradas se encuentran, un beso furtivo y tierno… y todo termina en la habitación de un hotel. Casi podríamos justificar lo ocurrido, pero estas historias solo terminan bien en las películas. Pasada la fascinación del encuentro furtivo, solo es cuestión de tiempo que llegue la culpa, la confesión o el descubrimiento, el reproche, las discusiones, las lágrimas, y en no pocos casos el divorcio y la lucha por la custodia de unos hijos que se convierten en las víctimas de una historia que se repite demasiadas veces. Y es que en realidad todos estamos expuestos a la tentación de buscar en la actividad sexual ilícita (pornografía, masturbación, encuentros sexuales) una herramienta errónea para conectarnos con el placer momentáneo que mitigue la soledad y nos ayude a "compensar" la falta de intimidad.

La Organización Mundial de la Salud ha incorporado la pornografía, y todo lo relacionado con el sexo en línea, al catálogo de enfermedades adictivas que provocan comportamientos compulsivos, ya que la pornografía en línea deja una huella muy potente en el cerebro, pues tiene el poder de proporcionar una estimulación sin fin, activando las vías de recompensa que liberan los neurotransmisores asociados al placer. Por ello la consecuencia directa de todos estos estímulos provoca en la inmensa mayoría de los casos el autoerotismo, es decir la masturbación, o bien la búsqueda promiscua de compañeros sexuales.

Cuando abordamos el asunto de la masturbación no hay que dramatizar, pero tampoco banalizar, pues la masturbación puede llegar a convertirse en un patrón adictivo e iniciarnos en otras prácticas sexuales ilícitas. La Biblia, que para nosotros es el manual del fabricante en estos asuntos, explícitamente no habla de la masturbación ni la menciona en ninguna parte. Evidentemente sí habla de los pensamientos impuros, la lujuria, los deseos impulsivos y las fantasías mentales, actividades que en la gran mayoría de los casos (no en todos, como veremos) acompañan al acto de masturbarse, pues parece difícil masturbarse en un vacío mental. Desde el punto de vista ético, la masturbación es contraria al espíritu de las relaciones sexuales en la pareja, pues se trata de un acto egoísta de un autoerotismo que despersonaliza el sexo y lo priva de su componente afectivo y relacional, provocando soledad y aislamiento.

Según Douglas Weiss[47] existen tres categorías diferenciadas de masturbación que llamaremos A, B y C.

Categoría A: en esta categoría ocurre algo casi impensable para nuestra sociedad occidental, pues los hombres que entran en ella nunca se han masturbado. Existen ciertas culturas, sobre todo en Oriente, donde la masturbación es vista como un signo de debilidad, y donde las relaciones sexuales se dan en edades tan tempranas que no hay necesidad (ni a veces tiempo llegada la pubertad) para experimentar con el propio cuerpo la sexualidad latente. Desde nuestra mentalidad occidental bombardeada por una moralidad sin restricciones, es difícil de creer, pero ocurre.

Categoría B: comprende mayormente a jóvenes adolescentes que comienzan a masturbarse de forma natural, es decir, no compulsiva, no movidos por la lujuria y conectados consigo mismos. Sienten una pulsión hormonal, una necesidad de conocer su propio cuerpo y su potencial sexual, y se masturban sin necesidad de ningún refuerzo tipo pornografía, fantasías sexuales, etc. Se trata de una función corporal que exploran y que no les causa vergüenza ni culpabilidad porque no hay compulsión, ni desconexión con la realidad, ni, como decimos, ningún refuerzo exterior o interior adictivo. No utilizan la masturbación ocasional para satisfacer necesidades emocionales, lo que ocurre es que cuando ocasionalmente sienten la necesidad simplemente se masturban, eyaculan y continúan con su vida, sin que ello les suponga un problema en ningún área. Muchos de estos adolescentes abandonan la práctica cuando comienzan las relaciones estables con una pareja, situando la masturbación como parte

_____

47. Douglas Weiss, *El sexo, los hombres y Dios*, Casa Creación, 2003.

de algo transitorio, como parte del proceso de crecimiento que se abandona, también de forma natural, con la maduración de la persona.

Categoría C: es probablemente la categoría en la que se ven reflejadas una gran parte de las personas que se masturban. Las personas que entran en esta categoría utilizan todo tipo de refuerzos y fantasías, desconectándose de su realidad en los planos personal y, por supuesto, espiritual. Son los jóvenes o adultos que necesitan ver pornografía o cuando menos tener pensamientos lujuriosos mientras se masturban, cayendo muchos de ellos en comportamientos adictivos que evidentemente son pecado, generan culpa, distanciamiento relacional y distanciamiento de Dios.

Para estas personas el acceder al mundo de la lujuria y la pornografía supone una desconexión espiritual y emocional en todo lo demás, para así poder entrar en el estado de fantasía que han creado. Este es el principio de la "doble vida". Otro de los problemas con las fantasías sexuales, o la lujuria, es que nos hacen vivir fuera de la realidad y nos alejan de ella al presentarnos una falsa "realidad paralela" con expectativas imposibles de cumplir en la vida real. Esto nos coloca en un plano puramente egoísta y solitario, que a la postre nos imposibilita para acceder a relaciones interpersonales sanas y profundas, tanto con nuestros semejantes como en nuestra espiritualidad. Por eso, lo opuesto a la lujuria es el amor entregado, el amor que da, que se sacrifica. De ahí que el amor regenera y la lujuria degenera. Agradarse a sí mismo es el principio egoísta del placer sobre el que descansa la vida en la carne, agradar a Dios es el principio altruista del placer sobre el que descansa la vida en el Espíritu: *Andad en el espíritu, y no satisfagáis los deseos de la carne.*[48]

Ya hemos identificado las tres categorías posibles a la hora de hablar de la masturbación. Ahora nos interesa resaltar que la falta de una clara identidad de quiénes somos y la práctica continuada de la masturbación tienen mucho que ver. Cuando no hay un sentido correcto de nuestra identidad y de nuestra valía como personas, hay carencias afectivas que generan necesidad de compensación. Puede ser el caso de la masturbación compulsiva, donde en muchas personas se va formando un patrón recurrente de ciclo adictivo, fijado como un mecanismo que se genera como respuesta a situaciones de frustración, soledad o desánimo.

Es decir, en momentos de crisis y aun de euforia podemos caer en la tentación de ceder ante el dolor y el desánimo y buscar una gratificación en la masturbación que nos "compense" y "ayude" a mitigar o tapar ese dolor. O bien, por otro lado, a permitirnos un "pequeño homenaje" después de un duro día de trabajo o estudio, donde nos hemos entregado y dado nuestro mayor esfuerzo. Cuando esto se perpetúa en el tiempo pasa a ser una adicción, y sobre todo un problema estructural (biológico, psicológico y espiritual) como veremos más adelante. Por ello mencionamos ahora cómo la pornografía, la auténtica plaga del siglo XXI, provoca las siguientes consecuencias, sobre todo en los jóvenes, aunque como ya hemos mencionado abarca todos los rangos de edad:

+ Promoción de estereotipos de género y conductas agresivas en el ámbito sexual.

---

48. Gálatas 5:16.

+ Fomenta expectativas poco realistas que pueden desencadenar frustración, problemas de autoestima, ansiedad y dificultad para regular las emociones.

+ Alimenta la cultura del maltrato y la cosificación, sobre todo de la mujer.

+ Fomenta la industria porno y su contribución a la esclavitud sexual y a la trata de personas.

+ Fomenta el aislamiento social y la dificultad para mantener relaciones afectivas.

+ Provoca comportamientos compulsivos que pueden terminar en adicción.

2.4 EN LA NOCHE DE LOS TIEMPOS: *LA CAJA DE PANDORA*

En la mitología griega se menciona la caja de Pandora como un curioso regalo de los dioses. Cuenta la leyenda que tras haber robado el titán Prometeo el fuego de los dioses para regalarlo a los hombres, su hermano Epimeteo recibió como regalo del Olimpo, una compañera llamada Pandora. Esta fue dotada con todos los encantos que los dioses podían proporcionarle: Afrodita le dio la belleza, Hermes la elocuencia, Atenea la sabiduría, Apolo la música.

Cuando Pandora se presentó ante Epimeteo, lo hizo acompañada de otro regalo de Zeus: una caja cerrada que bajo ningún concepto debía ser abierta. Epimeteo, deslumbrado ante la gracia y la belleza de Pandora, ignoró la promesa hecha a su hermano Prometeo de no aceptar jamás regalo alguno de los dioses olímpicos, pues eran astutos y traicioneros; sin embargo, la aceptó como compañera, aceptando al mismo tiempo la caja que la acompañaba, que escondió en lugar seguro.

Pero la curiosidad pudo con Pandora, y un día que Epimeteo dormía, le robó la llave del lugar donde escondía la caja y la abrió para espiar su contenido. Al levantar la tapa, grande fue su desilusión al encontrarla vacía, pero era porque en ese mismo momento escaparon de ella todas las desgracias y males que podían afectar a los hombres, y así se extendieron por el mundo enfermedades, sufrimiento, guerras, hambre, envidia, ira. Sin embargo, todavía le dio tiempo a vislumbrar en el fondo de la caja algo que aún no había escapado, y corriendo la cerró. Lo que pudo conservar en el fondo de la caja fue la Esperanza, que no consiguió escapar. De ese modo fue sellado el destino de todos los hombres, quienes a partir de entonces padecieron toda suerte de males; pero incluso en medio de los más terribles de ellos, siguen conservando la Esperanza. Por eso, como dice el refrán: "La esperanza es lo último que se pierde".

Terminamos de esta forma la parte de la sexualidad, tanto en su evolución histórica como en su distorsión actual. Todo lo visto forma parte de los males que lograron escapar de la caja de Pandora y han extendido sus artes más destructivas en todos los aspectos de la vida humana, y particularmente en la vasija de una sexualidad que ha sido duramente fracturada. Pero la buena noticia es que nos quedó la esperanza, la esperanza de que hay otras formas de abordar la sexualidad y recuperar el lugar que le corresponde. Abordamos con ilusión la parte que más nos interesa, es decir, las bondades de la sexualidad y su dimensión plena bajo el diseño inteligente de un Dios creador. Vamos a recuperar la dignidad y la profundidad de un tema que ha sido históricamente abordado desde una mentalidad de sospecha y restricción, hasta los tiempos contemporáneos donde ha sido banalizado y pervertido. Ahora sí, estamos en listos para contarte una historia mejor.

PARTE II

LA SEXUALIDAD A LA LUZ DEL DISEÑO INTELIGENTE

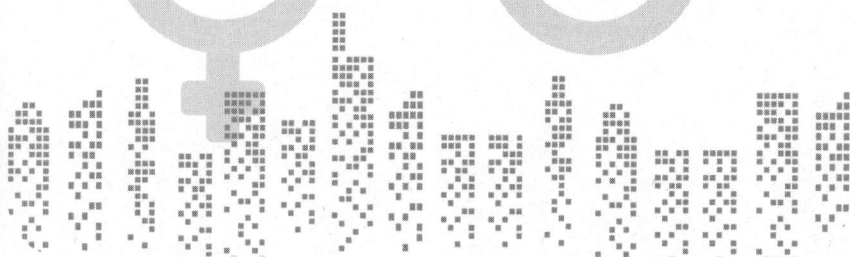

1

LA DIMENSIÓN PLENA DE LA SEXUALIDAD (*LA SOLUCIÓN*)

INTRODUCCIÓN: *LA NARRATIVA MÁS CREÍBLE*

Hay en la especie humana una sed y hambre espiritual que únicamente Dios puede satisfacer, pues el hombre y la mujer, solo por el hecho de serlo, poseen un deseo y anhelo de entregarse a algo más grande que ellos. En el corazón de todo ser humano hay una necesidad de trascendencia, se trata de la búsqueda de una explicación coherente que dé sentido a la vida, más allá de las teorías de una casualidad cósmica que puso en marcha el universo, o en el caso particular que nos ocupa, de contemplar la sexualidad simplemente como un instinto puramente biológico. En la primera parte hemos transitado a lo largo del origen y desarrollo de las civilizaciones en la historia, para contemplar con tristeza cómo el ser humano ha vivenciado su sexualidad en formas diversas y distintas, pero todas ellas distantes de su verdadero significado y expresión.

Hemos pasado desde una cosmovisión oscura y restrictiva de la sexualidad que a lo largo de toda la Alta y Baja Edad Media, difundió una visión de la Palabra de Dios contaminada por un dualismo que estigmatizó el cuerpo y consideró el placer como algo pecaminoso, hasta llegar a nuestros días marcados por una sociedad líquida, casi gaseosa, que diluye la ética y los valores, donde todo comienza a difuminarse, y donde la sexualidad ha transitado desde la restricción a la permisividad, llegando a un hedonismo que elevó el cuerpo y el placer a la categoría de dioses supremos. Lo que nos interesa ahora es recuperar la dignidad perdida de una sexualidad adulterada en todos los extremos posibles por el peso de la cultura y la historia.

Se nos hace necesario seguir recordando que entre ejemplos tan negativos de vivenciar la sexualidad y todo lo que implica, hubo en todas las épocas mencionadas una parte de la sociedad que no fue protagonista de la historia, hombres y mujeres que bajo el anonimato de lo cotidiano mantuvieron un orden, una ética creíble. Héroes de lo cotidiano que lograron mantener la bandera de la Verdad y constituyeron un mundo sólido, una sexualidad sólida ligada a la fidelidad del pacto matrimonial. Ellos fueron los guardianes de la Verdad y por ellos se mantuvo viva la esperanza que demuestra que sí es posible vivir de acuerdo con los principios y normas de la Palabra de Dios, aplicándolos de una forma equilibrada y auténtica, donde al fin se le otorga a la expresión sexual su máxima dignidad y valor en toda su dimensión. Por ello entramos en la parte más importante, donde veremos la sexualidad y toda su cosmovisión real a la luz de la Biblia, es decir, la sexualidad a la luz del diseño inteligente.

> ## LO QUE NOS INTERESA AHORA ES RECUPERAR LA DIGNIDAD PERDIDA DE UNA SEXUALIDAD ADULTERADA EN TODOS LOS EXTREMOS POSIBLES POR EL PESO DE LA CULTURA Y LA HISTORIA.

1.1 LA SEXUALIDAD SEGÚN EL DISEÑO DIVINO

EL DISEÑO INTELIGENTE Y EL NACIMIENTO DE LA SEXUALIDAD

Vamos a recuperar la dimensión plena de la sexualidad que se vio despojada de los elementos que la dignifican. Hablamos del matrimonio como proyecto de vida, de la sexualidad como pacto de fidelidad y como elemento dador de vida, y del amor como elemento unificador de todo. Así lo expresaba el entonces cardenal Joseph Ratzinger a mediados de los años ochenta, cuando declaró: "La revolución sexual instituyó una triple fractura entre sexualidad y matrimonio, sexualidad y procreación, sexualidad y amor". Ahora nos toca restaurar tanta fractura y lo haremos con la interesante historia del arte del *kintsugi*.

Cuenta la leyenda que durante el siglo XV, el gobernador japonés Ashikaga Yoshimasa envió su preciada taza de té, herencia de sus antepasados, hacia China para que la repararan, pues se había fracturado. Cuando la devolvieron, el gobernador se enfadó al ver que la pieza había sido reparada con unas burdas grapas de metal. Enseguida encargó a los mejores artesanos de la época que hallaran una forma de reparación alternativa que fuera agradable a la vista y devolviera la dignidad a la noble taza.

Los artesanos, buscando complacer al gobernador, diseñaron el arte tradicional de reparar las piezas rotas de cerámica o porcelana con un esmalte especial hecho con polvo de oro o plata. El resultado obtenido fue la reparación de las grietas por costuras doradas y elegantes que hicieron brillar las fracturas de la pieza, dándole un aspecto singular de pieza irrepetible. Así nació en Japón el noble arte del *kintsugi*, que quiere decir "reparar con oro". Un método de restauración que celebra la historia de cada objeto haciendo énfasis en sus fracturas en lugar de ocultarlas o disimularlas. El *kintsugi* da una nueva vida a la pieza, transformándola en un objeto incluso más bello que el original. Ahora, en esta última parte, la más importante, nos convertiremos en artesanos y vamos a reparar la taza, la vasija de una sexualidad resquebrajada por la historia, y lo vamos a hacer con los hilos de oro de la Palabra de Dios.

Al principio del libro mencionábamos que la Biblia no es un relato histórico sino prehistórico, no nace como consecuencia de la historia y las culturas, sino como una decisión intencional en el corazón de Dios, y por ello no es un asunto cultural sino creacional. También mencionamos que la Biblia no es un mito sino un antimito, que pretende justamente desmitificar los relatos politeístas y la mitología sobre la creación, el ser humano y su sexualidad. Así, el origen de la creación responde a un diseño inteligente y no a una casualidad o explosión inicial. Diseño inteligente entendido como el plan pensado y ordenado por el Dios creador de todas las cosas.

Este apartado hemos querido dejarlo para el final ya que nos interesa que el sabor que nos quede sea el de la buena aplicación de la sexualidad como concepto integral, y su origen divino, noble y puro. Dejamos claro que la sexualidad forma parte de la creación de Dios y que por tanto es buena, como la propia palabra lo declara al final del proceso creativo: *Y vio Dios todo lo que había creado, y he aquí que era bueno en gran manera.*[49] Nunca debemos olvidar su origen y su limpieza moral, para no dejarnos influenciar por la fea caricatura en la que la historia de la humanidad la ha convertido.

Dado que no podemos reducir la sexualidad humana a un mero hecho biológico, ni mucho menos degradarla a un instinto primario y absolutamente circunstancial, se hace necesario justificar su origen y propósitos, pues la sexualidad como generadora de vida, placer y afectos profundos necesita un marco ético que la regule y unos principios que canalicen el caudal de su poder y fascinación. Por todo lo mencionado volvemos a repetir que nuestro punto de partida es defender el diseño inteligente a la hora de explicar el origen del mundo y su propósito desde la óptica del Creador.

---

49. Génesis 1:31.

El origen de la sexualidad nace con el origen del hombre, y responde a un problema de soledad expresado por Dios en el libro del Génesis, el libro de los orígenes cuando dice: *No es bueno que el hombre esté solo, le haré ayuda idónea.*[50] Entonces Dios crea a la mujer como el complemento ideal[51] para el hombre, es decir, como una "ella" que la distingue de "él", le complementa y le diferencia, sustituyendo así soledad por compañerismo, pues no fuimos diseñados para vivir en soledad. Este versículo es de suma importancia, pues de él se desprende que la sexualidad viene a suplir a la soledad, y su fondo principal no tiene que ver con la parte erótica, sino con la parte relacional, donde sentimientos y emociones se expresan para llegar al concepto principal de la intimidad.

LA SEXUALIDAD COMO GENERADORA DE VIDA, PLACER Y AFECTOS PROFUNDOS NECESITA UN MARCO ÉTICO QUE LA REGULE Y UNOS PRINCIPIOS QUE CANALICEN EL CAUDAL DE SU PODER Y FASCINACIÓN.

La propia palabra "sexualidad" en su etimología viene de "corte, separación", lo que indica una distinción de sexos y por lo tanto de géneros, los dos únicos con los que el ser humano fue creado, pues hombre y mujer son diferentes y por lo tanto

---

50. Génesis 2:18.
51. La palabra "ayuda idónea" bajo una lectura superficial podría dar la falsa idea de que el hombre es el actor principal y la mujer fue creada como una ayuda suplementaria. Nada más lejos de la realidad. Dicha palabra hace mención al concepto de que la mujer fue creada como el complemento ideal para el varón. Al hacerlo así se sobreentiende que el hombre también es el complemento ideal para la mujer.

complementarios.[52] De todo esto se deduce que el propósito primario y principal de la sexualidad se expresa muy bien con las palabras "relación y compañerismo", pues la sexualidad fundamentalmente es cosa de dos, es entrega, es compartir, es alteridad, es intimidad. Por tanto la sexualidad, tal como Dios la diseñó, promueve relación, compañerismo e intimidad, justamente lo contrario de lo que produce una sexualidad desconectada y sin principios divinos que la dignifiquen, donde el egoísmo, la soledad, la culpa y el vacío son sus únicos frutos.

No somos un accidente cósmico, el universo, nuestra propia vida, todo forma parte de un orden natural preestablecido y de un diseño inteligente en el que entra la lógica y la razón. Sin embargo, al principio Dios dice que la tierra estaba desordenada y vacía. Resulta extraño que Dios comience el acto creador partiendo de un desorden inicial contrario a su naturaleza perfecta. Dios es un Dios de procesos, Él establece un orden en el principio de la creación, un orden que incluye leyes naturales y leyes espirituales y morales. Los teólogos defienden la teoría de que ese desorden inicial fue provocado por la caída de Lucifer,[53] cuando después de desobedecer a Dios fue arrojado a la tierra junto con sus ángeles caídos.

Cuando acudimos al griego[54] para esclarecer el significado de las palabras en estos primeros versículos del Génesis, encontramos que el vocablo usado para referirse a "desordenada" es la palabra "caos", que se ha castellanizado y usamos habitualmente como sinónimo de "desorden". Ahora bien, cuando Dios

---

52. Refutamos la cultura *woke* que difunde el "igualitarismo" y niega los principios teológicos y biológicos de la sexualidad.

53. Narrado en el libro de Ezequiel, capítulo 28.

54. La mayoría de nuestras Biblias provienen de traducciones hechas de la LXX, la primera Biblia en griego escrita en Alejandría, en el año 150 a. C.

comienza el acto creador en su conjunto, formando los cielos y la tierra, la composición final conseguida en un orden armónico, da lugar al "cosmos", que es también una palabra griega que ha pasado al uso habitual del castellano y que en sus variados significados, en este caso significa "orden".

El contraste es interesante y forma parte del principio de diferenciación del que hablaremos más tarde. Por tanto, Dios crea del *caos* (desorden), el *cosmos* (orden), y lo hace sirviéndose de unas leyes naturales y espirituales que facilitan el equilibrio en la creación. Es en ese sistema ordenado de la creación donde Dios crea al hombre y a la mujer, después regula la relación de ambos con la institución del matrimonio y su propósito principal, para finalmente otorgarles la tarea de fructificar, multiplicarse y así poblar la tierra.

EL LIBRO DEL BUEN AMOR: SEXUALIDAD Y ESPIRITUALIDAD VAN UNIDAS

La Biblia es el libro del buen amor y también del buen sexo, nos enseña que para entender la plenitud de la relación sexual, ambos conceptos deben ir unidos, así lo afirma John White: "El sexo y el amor son ambos buenos aun si se los considera por separado. Unidos tienen la fuerza del acero y el esplendor de los diamantes; sin embargo, como consecuencia de haber rechazado a Dios, hombre y mujer empezaron a experimentar el sexo y el amor como entidades separadas, aun así el propósito del amor y del sexo es que estén indisolublemente unidos".[55]

La visión dualista que seccionaba lo espiritual de lo carnal como entidades separadas ha hecho un flaco favor a la teología,

---

55. John White, *Hacia la sanidad sexual*, Editorial Certeza, Buenos Aires, 2000, p. 139.

considerando el cuerpo, "lo carnal", como algo bajo y pecaminoso. Nada más lejos de la realidad, pues el ser humano posee tres dimensiones distintas pero indivisibles: espíritu, alma y cuerpo. El espíritu nos conecta con lo trascendente y divino, el alma nos conecta con los sentimientos, las emociones y la voluntad, y finalmente el cuerpo es la expresión física que nos conecta y relaciona con el mundo creado. No hay una parte más importante que la otra, las tres son necesarias e igualmente dignas, como así lo menciona la propia Palabra de Dios: *Y todo vuestro ser, espíritu, alma y cuerpo, sea guardado irreprensible hasta la venida de nuestro Señor Jesucristo.*[56] De esto se infiere que sexualidad y espiritualidad van unidas, y por ello tan espiritual es la vida de oración como el cuidado del cuerpo y su expresión sexual.

En este apartado, y después de haber clarificado que la dimensión plena de la expresión sexual es una conjunción de amor y sexo, nos toca explicar el concepto del amor desde sus tres significados desprendidos del idioma griego. La primera traducción de la Biblia desde los textos originales en hebreo y arameo al griego[57] enriqueció los matices del texto bíblico debido a la diversidad de significados que posee a la hora de definir las palabras según el contexto donde se las inserte. De este modo, para el amor hay tres tipos de palabras que vamos a explicar. Ahora nos interesa enfatizar que la sexualidad, como poderosa corriente en la vida del ser humano, necesita de unos cauces que la definan e impidan que sus aguas se desparramen sin control. Por ello la sexualidad va ligada en toda su expresión al concepto del amor como uno de los ingredientes que la definen. Nos toca defender cómo el amor en sus tres significados fundamentales,

---

56. 1 Tesalonicenses 5:23.
57. La Septuaginta LXX.

que incluyen la sexualidad, solo se puede vivenciar en plenitud dentro del marco del matrimonio.

SEXUALIDAD Y ESPIRITUALIDAD VAN UNIDAS, Y POR ELLO TAN ESPIRITUAL ES LA VIDA DE ORACIÓN COMO EL CUIDADO DEL CUERPO Y SU EXPRESIÓN SEXUAL.

De nuevo, John White apunta con acierto: "Cuando el amor y el deseo sexual se separan, el sexo se transforma en una necesidad compulsiva. El amor sexual nunca fue pensado para eso, pues el verdadero amor florece cuando el afecto y la fidelidad están unidos al *eros*, porque como dijo C. S. Lewis: 'Lo más elevado no existe sin lo inferior'".[58]

De manera que no es por casualidad que el griego fuera el idioma en el que se escribió el Nuevo Testamento. Probablemente sea el idioma más rico en matices y variedad de palabras para expresar cualquier sentimiento, situación o concepto. Como acabamos de mencionar, en el idioma griego hay diferentes palabras para matizar el profundo significado del vocablo "amor". El amor tiene tres caras,[59] y aplicado al matrimonio solo adquieren su mayor potencial cuando se ejercitan en conjunto y no por separado, porque de hecho el matrimonio es el único lugar donde se deben vivir los tres significados del amor, que por cierto son *filia*, *eros* y *ágape*.

---

58. *Hacia la sanidad sexual*, p. 146.
59. Algunos autores mencionan otra cara para el vocablo amor: "storge", asociada al afecto entre padres e hijos.

Parafraseando al doctor Pablo Martínez, usamos el siguiente esquema:

AMOR
{
FILIA: Lema: "me gustas"

EROS: Lema: "me atraes"

ÁGAPE: Lema: "te amo"

Amor filia. Es el amor que promueve la amistad, el compañerismo, sentirse bien uno al lado del otro, disfrutar estando juntos, tener y hacer cosas en común. Es un tipo de amor que se puede y se debe expresar también fuera del matrimonio, pero que cuando se expresa dentro de este y se trabaja la faceta de la amistad, esto permite que la relación matrimonial tenga cimientos sólidos que le ayudarán a permanecer firme, vengan los vientos que vengan. Una relación que cultiva y trabaja el amor *fileo* tiene muchas más posibilidades de permanecer, ya que la amistad es un pegamento para cualquier buen matrimonio, es el terreno que hace que el amor se desarrolle y crezca en otras dimensiones.

Amor eros. Como la propia palabra indica, es el amor que tiene que ver con la parte erótica y sensual de la relación. Es la atracción hacia el otro, el flechazo que impulsa a actuar, la química que establece una energía emocional y sentimental. Es el concepto del amor basado más en la pasión, los sentimientos, las emociones, la belleza externa, la fascinación por el otro, el deseo y la expresión de la sexualidad. Es el tipo de amor que piensa más con el corazón que con la razón. Para la mayoría de las parejas es el punto de partida o el terreno común para iniciar una relación. Por sí solo no funciona y necesita de las otras caras en equilibrio armónico.

Eros es pasión, es lo que vivifica la relación, es la llama que inicia la hoguera, pero para mantenerla viva es imprescindible seguir añadiendo troncos. Una relación basada únicamente en *eros* no tendrá la resistencia que necesita para permanecer. *Eros*, aunque es una faceta importante y necesaria en el amor de pareja, es un componente frágil por sí solo, necesita madurar y enriquecerse al calor de los otros ingredientes del amor.

> "La neurobiología ha demostrado que el *eros* en su versión original dura un máximo de tres años, esto es ciencia pura. El enamoramiento adquiere dimensiones, maneras distintas a lo largo del tiempo y una persona puede seguir enamorada más de tres años con formas diferentes, lo que no es igual es el sentimiento original... *eros* no dura tres años, sino puede durar toda la vida pero no en su versión original. Pensar que se ha acabado el amor es una ignorancia, y es que en nuestros días el hombre y la mujer viven obsesionados por el cambio. A los 50 años de matrimonio puede seguir existiendo romance, ilusión, pero hay que aportar agua al río, hay que buscar alimentar la atracción, el *eros* auténtico que va mucho más allá que lo puramente sexual."[60]

Amor ágape. Es un amor incondicional. Sin lugar a dudas, el amor *ágape* representa la cara más profunda y completa del verdadero amor, es el amor que dice: *te quiero.* No está basado solo en sentimientos, sino en la voluntad, implica entrega, compromiso, darse uno al otro. El énfasis no es lo que yo obtengo,

---

60. P. Martínez, Clases del INFFA, Curso de Consejería Bíblica, 2009.

sino lo que puedo dar y aportar. Es, en definitiva, el amor de Dios quien "*dio* a su Hijo unigénito, para que todo aquel que en él cree, no se pierda, mas tenga vida eterna".[61] Por eso es un amor desinteresado. Es el tipo de amor que da "a pesar de", no importa lo que vaya a recibir, decide amar por encima de todo. Es un amor activo que toma la iniciativa, que acepta al otro tal cual es, que se enfoca más en las virtudes que en los defectos. Es el amor que se da a sí mismo aun cuando la otra persona no lo merezca, que anima a que la otra persona se desarrolle y crezca. El centro de atención está en complacer al otro y no en satisfacer mi propia necesidad. Este es el amor que escoge amar siempre, que es fiel y permanente, que a veces tiene que actuar a pesar de los sentimientos, y que exige autocontrol y dominio propio, conocerse a uno mismo para no dejarse llevar por el plano emocional. Es un amor sólido que puede romper barreras y mantener vivos matrimonios que de otra forma se hubiesen ido a pique. En la Biblia este tipo de amor está magistralmente descrito en la primera carta de Pablo a los Corintios.[62]

Es en el contexto del matrimonio donde se puede vivir la plenitud de las tres facetas del amor. Por eso, cuando hablamos de sexualidad la típica frase "hacer el amor" debería de entenderse como la expresión completa de la relación sexual, donde debe entrar la parte erótica y sensual, la parte relacional de compañerismo y la parte de fidelidad y compromiso.

61. Juan 3:16.
62. 1 Corintios 13:4-7.

EL CÍRCULO RELACIONAL:
EQUILIBRANDO LAS TRES CARAS DEL AMOR

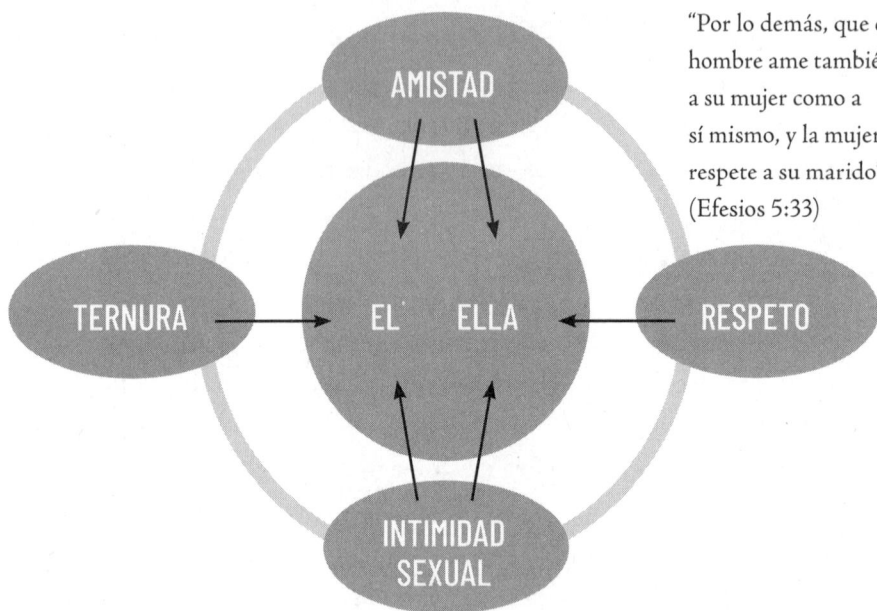

"Por lo demás, que el hombre ame también a su mujer como a sí mismo, y la mujer respete a su marido". (Efesios 5:33)

Utilizamos el círculo relacional[63] que corresponde a todas las facetas del amor. El amor *filia* y el amor *eros* están situados en mitad del círculo en su vertiente superior e inferior y aluden a la responsabilidad conjunta que la pareja tiene de cultivar estas facetas del amor. Sin embargo, los componentes de la *ternura* y el *respeto* corresponden al amor ágape, que es un amor de entrega para suplir las necesidades "del otro". ¿Qué necesita el hombre y qué necesita la mujer? Dios nos lo dicta en forma de responsabilidades cuando en el libro de Efesios le pide al hombre que *ame* a su mujer y a la mujer que *respete* a su marido.[64]

---

63. Adaptado de la psicóloga Ester Martínez Vera.
64. Para ampliar información sobre estos importantes conceptos, ver mi libro *Tu matrimonio sí importa*, CLIE: Barcelona, 2012.

EL PLACER ES UN INVENTO DE DIOS: PROPÓSITOS DE LA SEXUALIDAD

C. S. Lewis afirma que el placer es un invento de Dios y no del diablo. Esto que desde el ámbito de la esfera cristiana puede parecer una obviedad, debemos resaltarlo debido al grado de distorsión que se le dio a la sexualidad y en concreto ahora al placer. Distorsión que va desde la negación del mismo, bajo el concepto dualista del medievo, hasta el extremo del hedonismo contemporáneo de nuestros tiempos. Estamos afirmando que Dios es la fuente origen de todo lo creado y es Dios mismo quien ha puesto en nuestro cuerpo el deseo sexual, por lo tanto, es normal sentirse atraído por el sexo opuesto y tener deseo sexual experimentando el placer como un beneficio legítimo de las relaciones sexuales. Lo que bajo la ética cristiana no aprobamos es que dichas relaciones sexuales se den fuera del único marco válido que es el matrimonio.

Somos conscientes de la presión que esta sociedad hiper-sexualizada impone, dificultando vivir el celibato, la castidad o la pureza sexual, cuando los jóvenes (y no tan jóvenes), las personas solteras y también las casadas somos atraídos y seducidos por la fascinación de un erotismo y de un placer hedonista, que nos es presentado en una amplísima gama de ofertas con gran poder de atracción y de las cuales el matrimonio tampoco se libra. La sexualidad que no se sujeta a las directrices de la Palabra puede convertir el placer en lujuria y el deseo en conductas adictivas.

Dios nos diseñó para el placer y nos dotó de cinco sentidos con los que fuimos programados para recibir y dar placer. En el principio, el jardín del Edén estaba lleno de placeres perfectos de toda clase, pero su disfrute dependía de que Adán y Eva permanecieran dentro de los límites protectores de Dios, lo cual no ocurrió, y a partir de ahí todos conocemos la historia. El placer existe porque encaja con el propósito de Dios para su creación, por lo tanto, si Dios creó el placer, y más concretamente el placer sexual, entonces el placer no es el problema, el problema surge cuando entendemos el placer de manera incorrecta o cuando lo vivimos desde la realidad de una sexualidad completamente distorsionada. Alguien dijo esta acertada frase: "Solo cuando tu corazón está bajo el gobierno de Aquel que creó todos los placeres que tan fácilmente pueden generar adicción, tu mundo de placer puede estar protegido de manera que vivas equilibrado".

DIOS NOS DISEÑÓ PARA EL PLACER Y NOS DOTÓ DE CINCO SENTIDOS CON LOS QUE FUIMOS PROGRAMADOS PARA RECIBIR Y DAR PLACER.

Es interesante notar cómo el enemigo de nuestras almas, llamado Satanás, no puede crear nada, es estéril, solo puede tergiversar y torcer lo que Dios creó, y cuando eso ocurre, el resultado de la conexión, el vínculo emocional y la relación que acompañan a la sexualidad según Dios se corrompe y resulta en soledad, vacío y sentido de culpa. Pero como bien apunta Tripp: "Recuerda celebrar la realidad de que como hijos de Dios, nos dirigimos a un lugar donde el placer ya no tendrá ningún peligro asociado, y donde tu corazón sosegado no buscará lo que no debe buscar".[65]

Dios es el diseñador de nuestro cuerpo, y decidió crearnos con una poderosa corriente de deseo sexual que tiene su culmen en el orgasmo, que es la experiencia física más placentera que

65. Paul Tripp, *En un mundo quebrantado*, B&H: Nashville, 2019, p. 79.

podemos experimentar. Es mucho más que un instinto primario para favorecer la procreación. De hecho, el orgasmo es el
momento de la entrega total, es el clímax de la relación sexual
donde el cerebro libera la mayor cantidad de hormonas y neurotransmisores relacionados con el bienestar. Se trata de sus-
tancias sintetizadas por el propio cerebro y su secreción es acti-
vada, entre otros estímulos, por la relación sexual. Actúan como
poderosos mensajeros químicos que viajan a través del sistema
nervioso periférico y transmiten una agradable sensación de
bienestar, reducen el estrés, relajan y aportan un efecto sedante
parecido al que se produce al consumir opiáceos tipo heroína o
morfina. Es el momento donde el vínculo con tu pareja se completa con la fusión sexual que nos deja desnudos en todo, vulnerables, al descubierto y donde se produce la entrega total en
espíritu, alma y cuerpo.[66]

Reproducimos parafraseado el resumen que la psicóloga
Kari Clewett explica en su obra *El buen sexo*[67] sobre cada una de
las hormonas y neurotransmisores que se generan en la relación
sexual y particularmente en el orgasmo:

Dopamina: ayuda a enfocarse en la relación, provoca placer
y bienestar.

Noradrenalina: ayuda a sellar y recordar la experiencia;
entrega energía.

Testosterona: presente en el hombre y en mucho menor
grado en la mujer; genera deseo sexual.

---

66. Así debiera ser en el marco del compromiso matrimonial, aunque no todas las
experiencias sexuales en la vida de pareja logran aprovechar su máximo potencial,
pues no siempre se está en plenitud.
67. Kari Clewett, *El buen Sexo*, Andamio: Barcelona, 2024 p. 74.

Prolactina: reduce el efecto de la testosterona y la dopamina; favorece el vínculo con la pareja.

Oxitocina: crea apego, fusión y unión con la pareja, sentido de pertenencia.

Serotonina: se trata de un relajante natural que produce sensación de bienestar y reduce el estrés.

Más adelante comentaremos los tres elementos clave de la institución del matrimonio narrados en el libro del Génesis capítulo 2, verso 4. El último de dichos elementos dice: "Serán una sola carne", y se refiere justamente a la relación sexual, dignificándola y enmarcándola dentro del compromiso del pacto matrimonial. En esa frase tan corta, "serán una sola carne", tienen cabida todos los propósitos divinos para la sexualidad: relación, recreación, procreación, protección, y en cada uno de ellos deben estar los ingredientes balanceados del placer y la entrega, del deseo y la ternura. El esquema podría quedar así:

Relación: la mejor expresión de la unidad
Recreación: generar placer y bienestar
Procreación: continuación de la raza
Protección: proteger de las relaciones ilícitas

⎫
⎬ Propósitos de la sexualidad
⎭

Como podemos ver, las funciones o propósitos de la sexualidad son muchos y variados, esto nos puede plantear la pregunta ¿Hay algo prohibido en la sexualidad marital? La Palabra nos puede ayudar a la hora de establecer acuerdos y límites a nuestra intimidad sexual. El libro de Hebreos dice: *Honroso sea en todos el matrimonio, y el lecho sin mancilla.*[68] La Palabra "lecho"

---

68. Hebreos 13:4.

comparte la misma raíz griega utilizada para "coito", es decir, el texto nos está diciendo que en la relación sexual todo aquello que sea honroso para ambos, es lícito, mientras que todo aquello que hiera o mancille la sensibilidad de él o ella, no es aconsejado. Partiendo de un presupuesto ético donde se asume la santidad y la pureza sexual de ambos, podríamos decir que todo lo que para una pareja es honroso dentro del ejercicio de su sexualidad, es honroso también para Dios, y todo aquello que desagrada y denigra a alguno de los miembros de la pareja, es deshonroso para Dios.

Esta regla está sujeta a la sensibilidad particular de cada pareja, pues lo que para unos puede significar una práctica desagradable (por ejemplo el sexo oral), para otros puede resultar placentero. Ni el sexo anal ni, desde luego, el que la pareja mire pornografía para excitarse, por muy de acuerdo que ambos puedan estar, son prácticas aconsejadas dentro de la ética cristiana. Con todo, y en la privacidad de la alcoba, cada pareja decide los acuerdos de su intimidad sexual con los límites establecidos por cada uno de mutuo consentimiento.

Ahora nos dirigimos a todas las personas, que bien sea por soltería, o incapacidad para las relaciones sexuales o edad avanzada, el sexo biológico o genital haya perdido gran parte de su potencial. De hecho, defendemos cómo la intimidad que puede alcanzar su mayor potencial en la pareja, también puede ser experimentada y disfrutada en el ámbito de la soltería y el celibato. Afirmamos que ningún ser humano puede soportar la existencia sin la presencia de algún nivel de intimidad y relación. Mayor que el orgasmo es la intimidad, y esta la podemos disfrutar todos los seres humanos en mayor o menor grado, pues no tiene que ver con sexo sino con conexión emocional y vínculo afectivo. Sobre esto hablaremos en el último punto, que sin duda será el más importante.

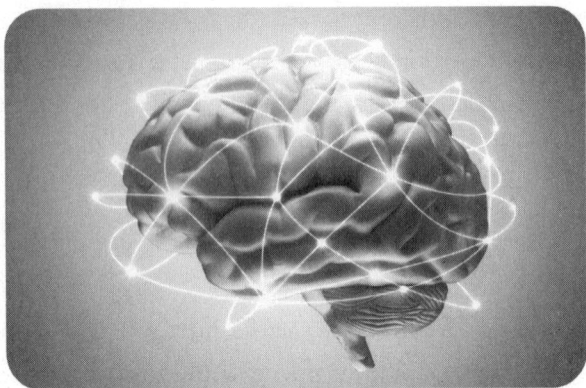

1.2 CUANDO BIOLOGÍA Y TEOLOGÍA SE DAN LA MANO

EL PODER DEL PENSAMIENTO Y LA PLASTICIDAD CEREBRAL

En nuestro anterior libro, *Mundo volátil*, contamos la historia de Marian Diamond. Marian fue una mujer excepcional, neurocientífica de prestigio mundial que contribuyó a acabar de asentar la teoría de la plasticidad cerebral, esto es, la capacidad que tiene el cerebro para producir nuevos sistemas neuronales basados en el pensamiento mediante el cual lo alimentamos. Las neuronas son células nerviosas especializadas en la recepción y transmisión de información, se comunican entre sí mediante conexiones llamadas sinapsis, que acaban conformando redes neuronales, auténticas estructuras de pensamiento. Marian descubrió que bajo la influencia de los efectos de un entorno enriquecido de estímulos y pensamientos positivos, nuestro cerebro puede crecer y renovar sus conexiones neuronales.

Resumiendo, la neuroplasticidad se refiere a la capacidad del cerebro para adaptarse y cambiar como resultado de la conducta y la experiencia. Esto es importante a la hora de entender cómo el bombardeo de la constante intoxicación informativa puede acabar afectando poderosamente a nuestra salud emocional, máxime cuando esa publicidad o información se refiere a un área tan sensible y poderosa como la sexualidad humana.

Nuestro pensamiento se configura en redes neuronales que se establecen con base en lo que entra en nuestra mente. Cuando una persona que no tiene filtro moral constantemente alimenta pensamientos de lujuria y consume pornografía asiduamente, en su cerebro se va configurando un esquema mental de pensamiento basado en esas imágenes y fantasías. Cuando esa persona persiste en este tipo de pensamiento, entonces esas redes neuronales se convierten en "redes neuronales preferentes", que pueden llegar a generar conductas adictivas, como ya hemos visto en otro apartado.

Por eso dicen que el órgano sexual más importante del ser humano es el cerebro, pues ahí se gestan todas las estructuras de pensamiento. Por tanto, el primer paso en nuestra lucha contra la impureza sexual es conocer cómo somos y cómo opera la sexualidad en nuestra arquitectura cerebral. Ya en el punto anterior introdujimos las distintas hormonas que se activan en la relación sexual. Pasemos ahora a comentar cómo la sexualidad tiene dos posibles campos básicos de acción:

Sexualidad externa: actos sexuales en los que participa tu propio cuerpo. Pueden ser lícitos cuando involucran a tu pareja heterosexual y se dan en el marco del matrimonio, o ilícitos cuando involucran relaciones de adulterio, fornicación, masturbación compulsiva, prostitución, etc.

Sexualidad interna: actos sexuales en los que participa tu mente. Pueden ser puros cuando involucran exclusivamente la sexualidad matrimonial. Pero son muchas las personas que viven una sexualidad interna viciada y desconectada de su realidad. Aparentemente en la sexualidad interna desconectada de una relación estable no hay mucho riesgo, escapa al control del mundo exterior, es algo más privado y sutil: sentimientos, pensamientos impuros, lujuria mental. Puedes hacerlo sin ser detectado ni aparentemente entrar en riesgo de ser descubierto. Esto es el poder del pensamiento.

Evidentemente el motor de la sexualidad se activa en primer lugar en nuestra mente. La sexualidad interna es la chispa que activa y provoca la sexualidad externa, pues como alguien comentó: "Ninguna persona llega a ser inmoral en sus hechos, sin antes haber sido inmoral en sus pensamientos". Somos seducidos a cometer adulterio con el mundo después de haber coqueteado con él, y así el pensamiento ilegitimo da a luz un acto inmoral. *Porque todo lo que hay en el mundo, los deseos de la carne, los deseos de los ojos, y la vanagloria de la vida, no provienen del Padre sino del mundo. Y el mundo pasa, y sus deseos, pero el que hace la voluntad de Dios permanece para siempre.*[69]

LOS MALOS HÁBITOS, AL IGUAL QUE LOS BUENOS, CUANDO SE PRACTICAN POR UN PERIODO DE TIEMPO PROLONGADO, UNA VEZ QUE SE ESTABLECEN Y FIJAN EN EL CEREBRO, SE ACTIVAN CASI SIN CONTROL DE NUESTRA MENTE.

---

69. 1 Juan 2:16-17.

Como ya se ha dicho, al operar estos dos campos en la misma persona, van provocando poco a poco que la sexualidad interna quiera empezar a manifestarse en la sexualidad externa. Ante la presión de una sociedad cada vez más hipersexualizada, donde se normalizan conductas sexuales cada vez más extremas, acabamos consintiendo con incursiones a lo prohibido en nuestra sexualidad interna como si de un mal menor se tratara. Una vía de escape peligrosa y rápida a nuestras tentaciones y pulsiones sexuales. Así opera el ciclo adictivo en la vida de muchas personas que viven en derrota y con grandes sentimientos de culpa.

El pecado, entendido como cualquier acto contrario a la voluntad de Dios expresada en su Palabra, es un proceso degenerativo que apela tanto a lo cognitivo como a lo volitivo, es decir, degrada tanto nuestro razonamiento lógico, como nuestros sentimientos y emociones. Los malos hábitos, al igual que los buenos, cuando se practican por un periodo de tiempo prolongado, una vez que se establecen y fijan en el cerebro, se activan casi sin control de nuestra mente.

Tus ojos rebotan hacia algo y se activa el motor, es un mecanismo reactivo, llega a ser algo automático que haces sin pensar. Ya se ha establecido una ruta cerebral que puede iniciar el proceso hacia un ciclo adictivo. El peligro es real y en muchas ocasiones el ciclo adictivo de pecar, arrepentirse, confesar y volver a pecar nos deja sin fuerzas, en una triste mediocridad donde el parásito de la lujuria va chupando nuestra energía y debilitando nuestra fortaleza espiritual y moral.

Estas son cuatro consecuencias de nuestros actos que en una práctica sexual incorrecta, y derivados de nuestros pensamientos, afectan de forma integral a nuestras vidas:

- Grabamos "rutas cerebrales" y establecemos patrones adictivos de pensamiento.

Liberamos químicos que provocan adicción

}   *Dependencia psicológica y biológica*

- Violamos nuestra identidad como Hijos de Dios.

- Descendemos en nuestro nivel de consagración, y se establecen fortalezas espirituales.

}   *Degradación moral y espiritual*

El poder del pensamiento, en lo que atañe a la sexualidad, es tan influyente en nuestra mente y conducta que se ha constituido en una poderosa arma para esclavizar a muchas personas y privarlas de todo lo que puede producir el diseño biológico y las estructuras de pensamiento que Dios creó y que desea que nosotros ejercitemos. Se trata del buen uso de nuestra mente para que nuestro cerebro, al secretar las hormonas derivadas de nuestro esquema o red neuronal de pensamiento, nos conduzca al destino para el que Dios creó el diseño de la sexualidad: entrega, relación afectiva, vínculo emocional, fusión sexual e intimidad dentro del marco del matrimonio.

La Biblia dice en el libro de Proverbios[70] que "tal es el pensamiento del ser humano, así es él", asimismo el apóstol Pablo le aconseja a su discípulo Timoteo "ejercitarse para la piedad".[71] El ejercicio de la piedad tiene que ver justamente con la práctica continuada de hábitos de pensamiento basados en la verdad de la Palabra de Dios para que se establezcan en nuestra mente redes neuronales de preferencia, es decir, esquemas de pensamiento con base en lo que podríamos denominar "ingredientes para una mente renovada y un pensamiento positivo". Esto se

---

70. Proverbios 23:7.
71. 1 Timoteo 4:7.

menciona en la carta que el apóstol Pablo escribe a la iglesia de Filipos: *Todo lo que es verdadero, todo lo honesto, todo lo justo, todo lo puro, todo lo amable, todo lo que es de buen nombre; [...] en esto pensad... y el Dios de paz estará con vosotros.*[72]

Somos conscientes de que en esta sociedad hipersexualizada la mente es el terreno de batalla, y es por ello que la capacidad de nuestro cerebro para generar nuevas conexiones neuronales con base en lo que pensamos debe ser aprovechada para lo bueno, para el buen sexo, para la búsqueda de la intimidad como su fruto principal. Esos esquemas de pensamiento basados en una sexualidad depravada son lo que la Biblia menciona como "fortalezas y argumentos" que hay que destruir para conducir nuestros pensamientos a la verdad de la Palabra: *Derribando argumentos y toda altivez que se levanta contra el conocimiento de Dios, y llevando cautivo todo pensamiento a la obediencia a Cristo.*[73] Así, el pensamiento y nuestra práctica en el ámbito de la sexualidad legítima generará la carga hormonal que producirá el placer, el bienestar, el vínculo afectivo y la intimidad que Dios planeó para la relación sexual. De esta manera biología y teología se dan la mano.

NADIE NACE EN EL CUERPO EQUIVOCADO

"Nadie nace en el cuerpo equivocado", es en realidad el título de un libro escrito por dos psicólogos españoles donde se explica y refuta desde los campos de la psicología, la biología y "el sentido común" el nivel de locura al que hemos llegado en asuntos de identidad, sexo y género. Los últimos 25 años han supuesto, sobre todo en Occidente, un impulso tan impresionante en las políticas e ideologías de género que han conseguido

72. Filipenses 4:8-9.
73. 2 Corintios 10:5.

la imposición de su ideario, sin ningún fundamento científico y negando la biología más elemental, en lo que ya se denomina la nueva inquisición del género: la "in*queer*sición".

La cultura gaseosa y volátil en la que vivimos nos lleva a que todo se vea como algo subjetivo, y en lo que atañe a sexo y género, esta cultura básicamente se caracteriza por integrar una creencia o dogma de fe como si fuera un hecho objetivo que se deba normalizar, e incluso imponer a toda la sociedad mediante políticas sociales y educativas en toda una colonización ideológica. Esta transformación del pensamiento racional, donde la emoción y los sentimientos están por encima de la razón y la ciencia, nos lleva a preguntarnos ¿cómo es posible que se hayan dado cambios tan profundos y radicales en tan poco tiempo? Errasti y Pérez se hacen la misma pregunta: "Ninguno de estos cambios está fundado en conocimientos de la medicina, la neurociencia, la psiquiatría o la psicología... entonces, ¿cómo es posible que semejante discurso antirracionalista, relativista y subjetivo haya tenido tanto éxito en nuestra sociedad?".[74]

Ellos mismos hablan de la interesante historia del bambú. El bambú japonés es una planta muy especial que tiene un modo muy particular de crecer, pues una vez que se planta la semilla y después de cuidarla y regarla durante semanas meses y aun años, aparentemente nada sucede. Esto puede darnos la falsa idea de que la semilla no ha germinado. Pero pasados hasta siete años, un día de pronto la planta comienza a brotar de forma espectacular, pues es capaz de crecer un metro cada día, llegando en pocas semanas a una altura que puede superar los 30 metros, convirtiéndose en un tallo poderoso. ¿Cómo es

---

74. J. Errasti, *Nadie nace en un cuerpo equivocado, éxitos y miseria de la identidad de género.* DEUSTO: Madrid, 2022.

posible un crecimiento tan rápido? Lo que ocurre es que durante los años, donde aparentemente no está sucediendo nada, se va extendiendo bajo tierra una red conformada por infinidad de raíces que son las que provocan, con el tiempo, el impresionante afloramiento y crecimiento de la planta.

Esto es lo que ha pasado con las modernas ideologías relativas a la identidad, el sexo, el género y la cultura *woke*: su espectacular crecimiento en pocos años viene precedido de siglos de siembra y hunde sus raíces en la historia de la humanidad desde que abandonamos los valores normativos y el orden que Dios estableció al principio de la creación, y cuya evolución histórica a manera introductoria, vimos en la primera parte del libro. Hoy estamos recogiendo los frutos podridos de una siembra que comenzó en el jardín del Edén, cuando Adán y Eva fueron expulsados del paraíso ordenado, a la intemperie de una civilización a la deriva, que navega impulsada por los vientos de un caos existencial y una visión distorsionada de la sexualidad.

El tema de la identidad es un asunto clave en la historia del ser humano y en la teología. La identidad es "el todo" de la persona, pues responde a las preguntas ¿De dónde vengo? ¿Para qué estoy aquí? ¿Adónde voy?, es decir, pasado, presente y futuro. Dentro del relato bíblico, cuando el hombre y la mujer desobedecen a Dios y toman del fruto prohibido, el pecado (la separación de Dios) provoca una fractura en su identidad. Mientras permanecieron en cobertura y obediencia a Dios, todo estaba claro, y Adán y Eva, como ya hemos mencionado, eran *habitantes* en el jardín de Edén, tenían comunión con Dios, habitaban el lugar perfectamente diseñado para ellos, y disfrutaban su destino eterno. Una vez que se produce el pecado son expulsados del huerto y se convirtieron en *errantes* y extranjeros en tierra hostil. Se rompe la comunión original con Dios, y fuera del hogar, pasarán toda su vida a la intemperie, en una búsqueda incesante de su identidad perdida. Por ello, la primera pregunta de la Biblia que se produce en Génesis 2 es "¿Dónde estás tú?", que revela el inicio de la confusión en la identidad del ser humano.

La propia vida de Jesús y el desarrollo de su labor misionera están marcados por el reiterado intento de confundir su identidad. Al inicio de su misión narrada en el Evangelio de Mateo, y cuando Jesús estaba siendo tentado por Satanás, las tres tentaciones comienzan de la misma forma: "Si eres Hijo de Dios...", es decir, poniendo en duda su identidad, su origen divino. Luego más adelante se produce la confesión de Pedro ante la pregunta de Jesús, "¿Y quién decís vosotros que soy yo?", esa afirmación "Tú eres el Cristo, el hijo del Dios viviente", "roca" por la solidez de lo que en ella se declara, es la piedra angular de la edificación de la Iglesia Cristiana, ¿Sobre qué hecho? Sobre la identidad de Jesús, que estaba siendo confundida por muchos.

De igual forma, y al final de su vida, cuando Jesús estaba siendo crucificado, continuó el mismo ataque a su identidad, y de entre la multitud que estaba al pie de la cruz surge la burla: *Sálvate a ti mismo; si eres Hijo de Dios, desciende de la cruz.*[75] Satanás, la serpiente antigua, padre de la mentira y la confusión, ataca la identidad de Jesús para anular su propósito de morir por la humanidad. Tienta a Jesús tanto al principio de su misión como al final justamente en este aspecto, es decir, poniendo en duda su identidad como hijo de Dios. Hoy en día sucede la misma estrategia, todo se difumina y mezcla en una confusión de identidades sin precedentes, que tiene como objetivo final

---

75. Mateo 27:40.

desviar al ser humano de su propósito principal: conocer a Dios, recuperar la identidad perdida y disfrutar del paraíso original.

El plan ideado por Dios incluía lo que en teología se llama "el mandato cultural" (del que luego hablaremos), y que contemplaba a una pareja heterosexual con la capacidad de procrear y poblar la tierra a través de un poderoso vínculo llamado sexualidad, que permitía la fusión y la reproducción, y que incluía la identidad de género complementaria como hombre y mujer. El plan original fue distorsionado a lo largo de la historia hasta llegar a nuestros días, donde la sociedad de la modernidad líquida y la cultura gaseosa difuminan el sexo, el género y la identidad en una confusión sin precedentes.

> ## PARA NOSOTROS ES EVIDENTE QUE LOS ÓRGANOS GENITALES EXTERNOS HABLAN DE UNA CONFIGURACIÓN BIOLÓGICA INTERNA, PUES LA BIOLOGÍA DETERMINA EL DESTINO.

Hoy existe un amplio margen de "libertad" en la forma en que cada persona orienta y define su sexualidad, máxime cuando esta viene desprovista de un código ético que la regule y hasta de una configuración biológica que la determine. Para nosotros es evidente que los órganos genitales externos hablan de una configuración biológica interna, pues la biología determina el destino. Como bien apunta Núñez: "Este discurso está políticamente motivado, pero no científicamente fundado".[76] En realidad la definición de sexo debería reducirse a la condición

76. Miguel Núñez, *Revolución sexual*, Colección Integridad y Sabiduría, B&H: Nashville. 2018.

diferencial con la que nace el ser humano: hombre–mujer, y por consecuencia género masculino o femenino.

No debería ser más complicado que eso, pero debido a toda la alteración que sobre este tema se ha dado (mayormente por el adoctrinamiento de la ideología de género), cuando hoy día hablamos de sexo, tenemos que diferenciar al menos tres aspectos previos: sexo biológico, sexo cultural y sexo psicológico.[77]

El sexo biológico: es el sexo asignado a una persona en el momento del nacimiento. Designa la corporeidad de una persona, es decir, su aspecto físico diferenciado como varón o hembra. Por tanto, constituye "lo dado", aquello que no podemos elegir. Es decir, se nace con sexo varón o hembra, no hay más opciones, y así fuimos creados por Dios. Es por ello que defendemos, entre otros argumentos, que la conducta homosexual y sus distintas variantes polimórficas no tienen un condicionante biológico de peso, ya que vienen determinadas por otros factores como la educación, los estereotipos, sucesos de erotización traumática, la elección del propio comportamiento y la influencia de la cultura en general. A partir de aquí, las siguientes concepciones de sexo ya están condicionadas por la modernidad líquida y sus doctrinas de género.

El sexo cultural: tiene que ver con cómo es percibida la persona por su entorno y por el resto de la sociedad, y señala la actuación específica de hombre o mujer. En general, el sexo cultural responde a procesos históricos y condicionamientos de la propia cultura, refiriéndose a las funciones, roles y estereotipos que en cada sociedad se asignan como norma al hombre y a la

---

77. Para más información, consultar mi libro *Homosexualidad: pastoral de la atracción al mismo sexo*, CLIE, 2015.

mujer. Si el sexo biológico es *lo heredado* por naturaleza, el sexo cultural es *lo influenciado* por el medio.

El sexo psicológico: se refiere a la propia percepción psicológica de una persona como hombre o mujer. Consiste en la conciencia personal que el individuo tiene de pertenecer a un determinado sexo. Esta conciencia se forma, en un primer momento, alrededor de los 2-3 años por el principio de diferenciación con el sexo opuesto, y coincide en el 98 % de los casos con el sexo biológico. El sexo psicológico —que no debería de diferir del biológico— puede diferir de forma antinatural cuando es afectado por una adjudicación de sexo cultural contradictoria con el biológico, es decir, por el ambiente en el que la persona vive: su familia, su origen, la educación recibida, la ideología establecida, experiencias propias, etc. El sexo psicológico constituye *lo decidido* por la persona.

El sexo biológico, desde una realidad empírica y científica —y aún desde una convicción teológica, pues biología y teología se dan la mano— es visto como un hecho incuestionable, y pertenece por tanto al mundo de lo que llamaremos "sexualidad sólida y permanente". En su afán por desmarcarse de cualquier estereotipo que limite y encasille las nuevas formas de vivir la sexualidad, los ideólogos de género ya no buscan concepciones estáticas. Y así, bajo la fluidez de los nuevos conceptos de género, el sexo cultural y el sexo psicológico son desvinculados artificialmente de los límites de la biología y la ética judeocristiana, navegando hacia la fluidez del momento y la experiencia puntual y subjetiva de cada cual. Es lo que llamamos "sexualidad líquida y mutante".

Resumimos lo dicho hasta ahora en el siguiente esquema:

Sexo biológico: lo heredado por naturaleza

Sexo cultural: lo influenciado por el medio

Sexo psicológico: lo decidido por la persona

} Las disecciones del sexo

En realidad, una equilibrada identidad sexual se forma al asumir la concordancia del sexo biológico y el psicológico, y no dejarse influenciar por la cultura en otros caminos que pretendan separar ambos conceptos y abrir las compuertas del relativismo moral y la cultura del "todo vale".

Por otro lado, cuando hablamos de género, hacemos referencia al género masculino y al género femenino exclusivamente. Sexo y género son términos que van inseparablemente unidos y constituyen la identidad sexual natural de una persona. No estamos de acuerdo con las ideologías que defienden que el "género" es una construcción social y, por tanto, no se hereda biológicamente sino que se decide culturalmente, en una elección en la que entrarían posicionamientos absolutamente subjetivos basados en sentimientos y experiencias personales. Es decir, que para ellos, sea cual sea su sexo, el hombre podría elegir su género. En eso consiste precisamente el "género fluido".

Por ello enfatizamos que nuestro posicionamiento parte de la base de que el género va unido al sexo, es decir, que el sexo (varón o hembra) con el que nacemos determina nuestro género (masculino, femenino). Esto es justificable para nosotros desde el punto de vista biológico, pero también desde el punto de vista teológico. Este es el orden natural con el que Dios nos formó y creó en el principio, a su propia imagen y semejanza: *Y creó Dios al hombre a su imagen, a imagen de Dios lo creó; varón y hembra los creó.*[78] Concluimos entonces, con rotundidad que nadie nace en la edad equivocada, es la que es; nadie nace en el cuerpo equivocado, es el que es; otra cosa es la autopercepción subjetiva de algunas personas que tiene que ver con confusión de identidad, alteraciones psicológicas e influencias ideológicas, culturales, historia personal, etc. Pero la norma es que desde la *ciencia*, la biología determina el destino y desde la *creencia*, la teología también determina el destino. Por ello, cuando biología y teología se dan la mano, ¡nadie nace en el cuerpo equivocado!

DEL IGUALITARISMO A LA DIFERENCIACIÓN

Los principios de la diferenciación y la complementariedad son aspectos sumamente relevantes. En esa pretendida igualdad y uniformidad que promulga la ideología de género, y que permite la fusión, y sobre todo la confusión de géneros, debemos hacer una matización importante. La diferencia de género no es lo mismo que la desigualdad de género. La diferencia implica que por razones diversas los integrantes del género masculino tienen cualidades esencialmente distintas que las del género femenino, que deben ser entendidas siempre en un plano de igualdad. Por ello, de esto no cabe deducir un principio de superioridad del uno sobre el otro. La igualdad de género, como ya hemos comentado, es una reivindicación social que está muy de moda en la sociedad líquida actual. Es cierto que históricamente la mujer ha estado sometida al hombre y privada de los mismos derechos, pero eso no quiere decir que fuera del ámbito laboral y social, donde sí se debe buscar la igualdad, los hombres y mujeres debamos de ser iguales en cuanto a cosmovisión, biología, percepción, enfoque de la vida o sentimientos, porque, entre otras cosas, de hecho, somos claramente diferentes.

---

78. Génesis 1:27.

Como hemos mencionado en el contexto del Génesis, la Palabra dice que "en el principio creó Dios los cielos y la tierra, y la tierra estaba 'desordenada y vacía'",[79] y a partir de esa realidad Dios comienza el acto creador. Del caos, Dios crea el cosmos, es decir, el orden en todo lo creado. En ese orden inicial está el principio de la diferenciación, que implica que cada cosa se define y caracteriza por el contraste que se da en todas las esferas del orden natural, pues el mundo se ordena mediante sucesivas separaciones de los elementos. Expliquemos esto.

Esa diferenciación inicial, que en principio fue para distinguir lo "malo de lo bueno" (caos, cosmos), se aplica ahora para dar unicidad y carácter distintivo a todo lo creado. Por tanto, la creación en su evolución armónica sigue el orden de la diferenciación, pues para cada elemento hay un contrario que lo define, contrasta y complementa (cielo-tierra, sol-luna, mañana-tarde, día-noche, frío-calor, hombre-mujer). Por ello defendemos que en el principio de la diferenciación está la identidad del objeto/sujeto y la complementariedad del mismo respecto a otro, así como que hay unas leyes naturales que forman parte del orden de la creación. Se trata de la idea de un "tú" que me contraste y me haga consciente de mi "yo"; no es un igual, es un diferente, y por lo tanto complementario. Solo podemos ser nosotros mismos en toda la plenitud de la palabra mientras exista un contrario con el que compararnos, diferenciarnos, pero también complementarnos, como veremos en el punto siguiente.

Hay una diversidad natural entre los sexos opuesta al igualitarismo de la ideología de género que tiene como fin el principio de la complementariedad. Hombres y mujeres debemos ser distintos para poder ser complementarios. El principio de la

---

79. Génesis 1:1-2.

complementariedad se basa en el principio de la diferenciación ya mencionado, pues al ser diferentes, somos complementarios. Un hombre tímido tenderá a buscar a una mujer extrovertida, opuesta en carácter, pues lo que le falta a él será suplido por ella, y viceversa. Es como un rompecabezas, donde las piezas son distintas, pero solo desde esa característica diferencial pueden juntarse para formar una sola pieza. A esto Paul Tournier lo denomina "mecanismos de compensación". Cada uno busca en el otro lo que no posee: si eres tímido, tu tendencia natural será buscar a alguien extrovertido; si eres de carácter fuerte, tu tendencia natural será compensar buscando a alguien más conciliador y condescendiente. Con este principio se consigue el concepto de la unidad y la intimidad, alejándonos del "tú" y el "yo", pues de esta forma, al recoger lo mejor de cada carácter, llegamos al concepto del "nosotros".

Todos estos aspectos de la distinción binaria de género, su diferenciación y su carácter complementario, son conceptos completamente antagónicos a los defendidos por la ideología de género, y se vivencian en su plenitud desde la perspectiva del matrimonio heterosexual. Es desde estos aspectos donde hombre y mujer se complementan en su máxima expresión y dimensión, dejando la individualidad y el egoísmo para llegar al mencionado concepto del "nosotros". Aquí está implícito el principio de "serán una sola carne", donde traspasando su primera acepción de sexualidad biológica, aspira a que dos seres diferenciados sexualmente lleguen a ser *uno* en todos los planos de la persona.

A modo de conclusión, y cuando hablamos de complementariedad, pero sobre todo de diferencias de género, nos referimos exclusivamente a las que se dan en los dos únicos géneros con los que podemos nacer: masculino y femenino. La naturaleza no se equivoca en su diseño inteligente, pues la cuestión del género es un asunto inherente y propio de la condición humana *per se* y no de la cultura. Dios nos creó hombre y mujer, esto no es forzado, es natural, y como ley natural solo podemos reconocer al ser humano en su género y sexo como hombre y mujer. Las cosas en el orden natural funcionan de una manera predeterminada, y no deberíamos tener la pretensión ni la osadía de cambiar la realidad. Nuestra biología es nuestro destino, y si como afirma Nicolosi: "La normalidad es aquello que funciona de acuerdo a su diseño", entonces el orden natural en cuestiones de género nos demanda cumplir nuestro destino como varón o hembra, masculino o femenino, diferentes y complementarios, pues así fuimos diseñados por Dios. Es por ello que no estamos de acuerdo con otras opciones de vivir la sexualidad ya mencionadas, y que incluyan los neoconceptos asignados al sexo y género fluido. Esto es lo que creemos y defendemos, y forma parte del concepto pleno para vivenciar la sexualidad según el diseño biológico y teológico.

> **LA NATURALEZA NO SE EQUIVOCA EN SU DISEÑO INTELIGENTE, PUES LA CUESTIÓN DEL GÉNERO ES UN ASUNTO INHERENTE Y PROPIO DE LA CONDICIÓN HUMANA *PER SE* Y NO DE LA CULTURA.**

Atendiendo a los principios de diferenciación y complementariedad, en el siguiente esquema observamos las distintas respuestas sexuales del hombre y la mujer:

	HOMBRE	MUJER
ORIENTACIÓN	Física, biológica	Relacional, global, sicológica
ESTÍMULO	Sexo	Afecto
NECESIDADES	Respeto, admiración	Amor, comprensión
RESPUESTA SEXUAL	Centrada en el cuerpo, la vista, las acciones	Centrada en la persona, las caricias, las actitudes, palabras
ORGASMO	Excitación rápida Difícil de distraer Corto, intenso Necesario para satisfacción	Excitación lenta Fácil de distraer Largo, profundo Posible satisfacción sin orgasmo

El cuadro refleja la norma en las distintas respuestas sexuales, lo que no quiere decir que haya hombres o mujeres que vivan su sexualidad de forma diferente a la descrita. Es interesante notar cómo estos aspectos de carácter biológico están avalados de una forma muy clara en la Palabra de Dios, concretamente en el libro de Cantar de los Cantares que describe características muy interesantes del amor *eros* en la pareja.

El hombre: percepción VISUAL	La mujer: percepción RELACIONAL
¿Por dónde comienza el hombre a describir a la mujer?	¿Por dónde comienza la mujer a describir al hombre?
"¡Cuan hermosos son *tus pies* en las sandalias oh hija de príncipe, los contornos de tus muslos son como joyas…, tu vientre como montón de trigo…, tus dos pechos como gemelos de gacela…, tu cuello como torre de marfil… tus ojos como los estanques de Hesbón, tu nariz como la torre del Líbano…tu cabeza encima de ti como el Carmelo" (Cnt 7:1-5)	"Mi amado es blanco y rubio señalado entre diez mil…*Su cabeza* como oro finísimo…, sus cabellos crespos, negros como el cuervo, sus ojos como palomas…sus mejillas como una era…, sus manos como anillos de oro…, sus piernas como columnas de mármol, su aspecto como el Líbano escogido como los cedros…" (Cnt 5:10-15)

Vemos cómo el hombre comienza por los pies, se fija primero en el aspecto físico, pues nuestro mecanismo de activación sexual está más enfocado en los ojos, en lo visual. Sin embargo, la mujer comienza a describir a su amado por la cabeza y luego desciende, fijándose también en el cuerpo, su llave de ignición sexual es sensorial y ella comienza apreciando primero su personalidad. Por ello, y desde una perspectiva puramente biológica, a muchos hombres no les costaría tener relaciones con una mujer que apenas conocen; en contraste, a muchas mujeres les sería más difícil tener relaciones con un desconocido, pues ellas necesitan un mínimo de conexión emocional con la *persona* antes que con el *cuerpo*.

Evidentemente, y bajo la ética y moral de la Palabra de Dios, esto es algo que se puede explicar, pero no justificar, debido al principio de fidelidad e intimidad de la sexualidad y a su exclusividad sujeta al compromiso matrimonial: *Bebe el agua de tu misma cisterna, y los raudales de tu propio pozo. ¿Se derramarán tus fuentes por las calles, y tus corrientes de aguas por las plazas? Sean para ti solo, y no para los extraños contigo. Sea bendito tu manantial, y alégrate con la mujer de tu juventud, como cierva amada y graciosa gacela. Sus caricias te satisfagan en todo tiempo, y en su amor recréate siempre.*[80]

Por tanto, el acercamiento a la relación sexual requiere comunicación franca y abierta, pues se trata de ajustar dos ritmos muy distintos. Para ello es necesario que la pareja hable y determine sus gustos tanto como aquellos aspectos que les desagraden. Es necesario hablar de temas como la necesidad de la mujer de un puente emocional que dé significado a la relación, o la necesidad de sentirse en un ambiente de seguridad y privacidad. La necesidad del juego previo y la preparación de la relación sexual que, sobre todo, evite que el hombre focalice su atención en lo puramente genital y comprenda algo esencial, que las mujeres disfrutan de la sensualidad de los abrazos, los besos y las caricias tanto como del estremecimiento del clímax, pues el placer sexual de la mujer se produce en muchos niveles además del orgasmo. O también hablar del hecho de que la mujer comprenda que el hombre normalmente necesita una frecuencia sexual bastante mayor que la suya. Estos y otros aspectos de la relación son los que la pareja debe trabajar para conocerse y satisfacerse mutuamente.

Estas son las diferencias que debemos comprender. Pero esa unidad se da en una diversidad, donde existen otras diferencias que debemos conocer.

Ahora mencionaremos los rasgos biológicos y físicos que debemos aprender a armonizar en la relación sexual. Hablamos del hombre y la mujer en la plenitud de su capacidad sexual,

---

80. Proverbios 5:15-19.

que sobre todo a partir de los 50 años comienza a descender, y se debe aprender a priorizar entonces otros aspectos que tienen que ver con la sexualidad emocional que pronto abordaremos, y que es la que realmente nos importa.

En lo referido al deseo, el hombre logra la excitación más rápidamente por dos factores principales: por un lado, porque no suele asociar su estado emocional con su deseo, su sexualidad es más física que relacional; y por otro lado, porque la cantidad de sangre que necesita para la erección del pene es mucho menor que la que necesita la mujer para su excitación. En las mujeres la excitación no está tan focalizada como en el hombre, y se expresa en muchas partes de su cuerpo: a nivel vaginal se produce el ensanchamiento de los labios mayores y menores junto con la erección del clítoris y la lubricación vaginal. Los pechos aumentan de tamaño, y a nivel facial se produce un enrojecimiento de las mejillas y una subida general de la temperatura corporal. Queda claro que todo ello exige un aporte sanguíneo mucho mayor que en el hombre.

Además, la mujer sí condiciona su estado emocional a su deseo, pues ella implica en la relación sexual lo emocional y la calidad relacional como el puente natural para abrirse en el resto de las áreas. Si la mujer se siente querida y amada, brotará de ella el deseo sexual de una forma natural. Sin embargo, por regla general, los hombres vivimos una sexualidad más biológica y pulsional, reduciéndola en ocasiones, a algo meramente hormonal. Los hombres debemos ser sensibles a esta realidad en la sexualidad femenina.

De hecho, esa facilidad en la conexión sensual con otras mujeres con las que no nos une ningún tipo de vínculo es el gran problema, máxime cuando en la sociedad cada vez menos diferenciada en lo que respecta al género, y donde parece que "se le da la vuelta a la tortilla" en estos aspectos diferenciadores, muchas jóvenes hoy son las iniciadoras e incitadoras de relaciones sexuales desconectadas. Pareciera que las nuevas tendencias e ideologías reivindicativas, en un intento por desmarcarse de roles tradicionales, confundieran estos con principios inamovibles que pertenecen al diseño divino y biológico y no a asignaciones culturales.

Desde luego la vergüenza, el recato, la prudencia y el pudor no son aspectos culturales y rancios a superar, son inhibidores naturales diseñados por Dios en nosotros, tanto en hombres como en mujeres, para favorecer los conceptos de intimidad, compromiso, entrega y fidelidad mutuos. Por diseño divino, el hombre normalmente *inicia* y la mujer normalmente *recibe*, pero esto no es machismo, es determinación biológica.[81] Que ocurra de otra forma en nuestra sociedad del "todo vale" no indica evolución o superación, sino distorsión y alejamiento de la ética divina. Aunque es cierto que en determinadas parejas pueda darse una mayor iniciativa por parte de la mujer, sin que esto implique ningún aspecto negativo.

A modo de conclusión, es necesario volver a mencionar que para la mujer las relaciones sexuales son un acontecimiento en el que se involucra la totalidad de la persona, no solamente un enfoque genital específico. Por eso es que la mayoría de las mujeres necesitan experimentar la comunión y el amor como puente para conectarse con la sexualidad. Los hombres, por el contrario,

---

81. Habrá casos donde no es así, sobre todo cuando la influencia cultural y los medios de comunicación en bastantes ocasiones lanzan un modelo de masculinidad bajo un rol pasivo, y a la mujer le asignan un rol más directivo. Forma parte del "silencio de Adán" que se produce en Génesis cuando el hombre no asume un rol de liderazgo, iniciando la crisis de su masculinidad. Para ampliar información, ver mi libro *Tu identidad sí importa* (CLIE, 2014).

solemos ser más físicos y biológicos. Por ello es necesario que para una buena comprensión del otro, sobre todo los hombres que podemos ser menos sensibles, conozcamos nuestras diferencias en esta área tan vulnerable de la intimidad sexual.

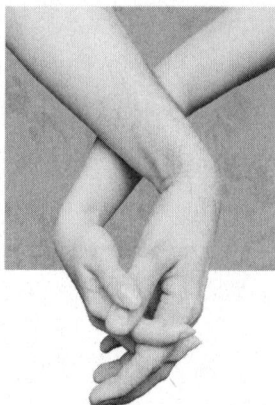

1.3 LA TEOLOGÍA DEL CUERPO: *EL LENGUAJE DE LA PIEL*

LAS BONDADES DE UNA SEXUALIDAD INTEGRAL

La sexualidad es un concepto integral que en su máxima expresión no se puede disociar del pacto matrimonial. Como ya hemos visto, el matrimonio forma parte indispensable del plan estratégico de Dios para que la humanidad se desarrolle conforme al mandato cultural de Génesis 1:28: *Fructificad y multiplicaos, llenad la tierra y sojuzgadla*. Este versículo es de suma importancia para entender que el primer encargo divino, el primer mandato al hombre y a la mujer, es la formación y el desarrollo del matrimonio y la familia. Por tanto, dentro de ese orden y de ese plan preestablecido, una de las primeras cosas que Dios hace es fundar la institución del matrimonio, en cuyo seno se encuentra la dimensión de la sexualidad que garantiza, entre otros propósitos, la procreación, que asimismo garantiza la continuidad de la especie.

De este modo, la institución del matrimonio, unida al mandato cultural de "fructificad y multiplicaos, llenad la tierra y sojuzgadla", nos lanza la idea de diseño y propósito. Dios diseña el matrimonio con el propósito de que el hombre y la mujer inicien la aventura de conquistar la tierra y fundar su propia historia, su propia familia, bajo las premisas de unidad, indisolubilidad y apertura a la vida.

Es importante entender que el matrimonio no es un asunto cultural sino creacional. El matrimonio no fue diseñado ni ideado por ninguna civilización o cultura como el medio para regular u organizar la sociedad, tampoco es ninguna institución humana que necesite ser cambiada o actualizada conforme a las necesidades o tendencias de cada nueva generación. El matrimonio, como hemos comentado en anteriores capítulos, al no ser producto de la cultura ni de la sociedad, es un asunto creacional y no cultural, que ha de ser visto como una institución que nace antes de la historia y se da en el contexto de la propia creación dentro de lo que en teología se llama "el estado de gracia".

DIOS DISEÑA EL MATRIMONIO CON EL PROPÓSITO DE QUE EL HOMBRE Y LA MUJER INICIEN LA AVENTURA DE CONQUISTAR LA TIERRA Y FUNDAR SU PROPIA HISTORIA, SU PROPIA FAMILIA, BAJO LAS PREMISAS DE UNIDAD, INDISOLUBILIDAD Y APERTURA A LA VIDA.

El estado de gracia es el periodo comprendido entre la creación y la irrupción del pecado en Génesis 3, cuando el hombre y la mujer vivían una existencia de plena armonía entre ellos y con Dios, sin la coexistencia con las consecuencias posteriores del pecado (muerte, dolor, conflictos). En ese estado de perfección, Dios funda dos instituciones troncales que pretendían ser la base de toda civilización posterior: la institución del día de reposo y la institución del matrimonio.

Mediante la institución del día de reposo,[82] Dios se aseguraba la permanencia del culto debido a su persona; y mediante la institución del matrimonio, Dios se aseguraba la permanencia de la humanidad y el cumplimiento del mandato cultural dado en Génesis 1:28: *Fructificad y multiplicaos, llenad la tierra y sojuzgadla*. Por tanto, el matrimonio es una institución troncal y fundacional establecida por Dios para regular las bases sobre las que debía asentarse toda civilización posterior. Bases, volvemos a repetir, que al no ser culturales (y por tanto sujetas a cambios, es decir, *adaptativas*), son creacionales (y por tanto enraizadas en valores permanentes, es decir, *normativas*), y sirven para toda edad y tiempo. No pueden ser adulteradas y desfiguradas por aspectos culturales como ideologías de moda, filosofías pasajeras o políticas de ensayo.

La consecuencia natural de suplir la soledad de Adán en Génesis 2:18: *No es bueno que el hombre esté solo, le haré ayuda idónea*, fue la creación de Eva; y la consecuencia natural de la creación de ambos supuso el nacimiento de la sexualidad (ya

---

82. Cuando Dios santifica el séptimo día como día de reposo, quiere decir que consagra y aparta ese día específicamente para que el hombre/mujer descanse de su labor cotidiana y reflexione en Dios, pues este es justamente el sentido de la palabra "santidad". Esto toma carácter de ley "oficial" cuando se promulga dentro de los diez mandamientos en Deuteronomio 5:12-14.

vimos que en su etimología alude a corte o distinción de géneros), así como la regulación de esa unión mediante la institución del matrimonio y sus tres elementos clave en Génesis 2:24. *Por tanto, dejará el hombre a su padre y a su madre, y se unirá a su mujer, y serán una sola carne.*

1. "DEJARÁ EL HOMBRE A SU PADRE Y A SU MADRE"

El primer elemento clave del matrimonio incluye un componente de cierta ruptura. El hombre y la mujer que van a contraer matrimonio deben dejar su familia de origen, es decir, su antiguo núcleo familiar para pasar a formar un nuevo núcleo familiar. Todo nuevo estado implica abandonar algo que ha sido hasta ese momento, para asumir algo que empieza a existir a partir de ese momento.

2. "SE UNIRÁ A SU MUJER"

La palabra hebrea utilizada aquí hace referencia a una unión similar a la que se produce cuando pegamos dos hojas de papel y las unimos de forma que ya no se pueden volver a separar, so pena de que ambas se rompan. Su significado principal tiene que ver con "adherirse a", "pegarse a". La idea de esta unión es una unión vital y permanente, "ya no serán más dos sino uno". La cita bíblica: *Lo que Dios juntó, no lo separe el hombre,*[83] alude a este compromiso de permanencia que es la base del amor *ágape* que ya hemos mencionado. Aunque cada persona es querida por Dios "por sí misma" y llamada a una plenitud individual, no puede alcanzarla sino en comunión con otros. Estamos diseñados para dar y recibir amor.

---

83. Mateo 19:6.

3. "SERÁN UNA SOLA CARNE"

Este último elemento del matrimonio reúne en sí mismo la consecuencia lógica de haber dejado el antiguo núcleo familiar y pasado a formar uno nuevo, fundado sobre la base de una unión estable y permanente. Dentro de ese marco relacional es donde tiene sentido hablar de la intimidad sexual, donde hombre y mujer pueden compartir partes muy sensibles de su persona, su cuerpo y su alma, y su propia vulnerabilidad interior sin sentirse avergonzados y en un contexto de intimidad. Aquí la relación sexual adquiere su máximo potencial al estar asentada sobre valores de afectividad y compromiso. El tiempo verbal en futuro, "serán", alude a que la relación sexual es algo que se va construyendo, en un proceso donde hombre y mujer aprenden a conocerse y disfrutarse mutuamente. Pero sobre todo está en tiempo futuro, porque el elemento que a Dios más le interesa de la relación sexual no tiene que ver con pasión ni vigor físico, sino con intimidad, concepto que por su importancia mencionaremos en profundidad a partir de ahora, y sobre todo en el último punto.

SEXUALIDAD EMOCIONAL, SEXUALIDAD GENITAL

Sexualidad emocional y sexualidad genital son dos conceptos que nunca debieron separarse. En el principio, y bajo el orden de Dios en el jardín del Edén, la sexualidad surge como la consecuencia natural de la creación de Adán y Eva, la institución del pacto matrimonial y su propósito de colonizar la tierra. Allí, placer y procreación, ternura y entrega, se resumieron en la frase "serán una sola carne",[84] cuyo verbo "serán", enfatizo de nuevo, nos hace ver la dimensión de la sexualidad como algo que se va perfeccionando en el tiempo y en la totalidad del ser: espíritu, alma y cuerpo.

---

84. Génesis 2:24.

La expulsión del huerto sagrado significó lo que Francis Schaeffer denominó "marco teológico referencial", que no es sino las consecuencias del pecado en la vida del ser humano, es decir, las cuatro grandes fracturas: fractura teológica (el hombre/mujer en relación con Dios)[85], la fractura psicológica (la llegada del dolor, el miedo, la maldad y otras alteraciones emocionales)[86], la fractura sociológica (los primeros problemas en la relación de ambos)[87], y la fractura ecológica (el inicio de la depredación del medio natural y su alteración)[88]. A partir de aquí el inicio de las civilizaciones y la cultura estará marcado por el principio de la depravación del ser humano.

La sexualidad, como poderosa fuerza primaria, comenzó su distorsión contaminada tanto por un cristianismo puritano, legalista y de doble moral, así como por una sociedad secularizada que fue seccionando la riqueza de la sexualidad original, y la despojó de todo vestido moralizante para llegar al concepto que constituyó el lema de la revolución sexual: "el amor libre", descolgando así a la sexualidad de sus soportes principales de pacto, compromiso y fidelidad. A partir de aquí es donde se rompen los ya resquebrajados diques morales, y empiezan a correr las aguas de la disolución de la identidad, el sexo y el género, el desprecio a la configuración biológica y la cultura *woke*, que finalmente se convierten en los frutos podridos que nos toca recoger.

Posteriormente, la llegada de la posmodernidad, la modernidad líquida y la cultura gaseosa difundieron el mito de que no podemos vivir sin sexo, pues es un instinto primario y una necesidad humana que no podemos reprimir. De esta manera,

---

85. Génesis 3:9.
86. Génesis 3:10.
87. Génesis 3:12-14.
88. Génesis 3:17.

el *sexo* "como una parte del todo" fue separado de la *sexualidad*. Entendemos sexo como la parte genital de la relación, la mecánica biológica ligada a la penetración o el orgasmo, a la atracción de lo erótico. Sin embargo, la sexualidad es una realidad mucho más rica y amplia que la genitalidad, pues la genitalidad tiene que ver fundamentalmente con aspectos biológicos y físicos de la sexualidad. René Padilla apunta con acierto: "El sexo es inseparable de la persona, no es simplemente una función fisiológica: es una expresión del ser interior, una dimensión del yo. Hablar de la sexualidad humana no es algo que tiene que ver con los órganos sexuales o la experiencia sexual exclusivamente, es más bien hablar de algo que atañe a la esencia misma de la persona".[89]

Estamos diferenciando entre sexo y sexualidad o entre sexualidad genital y sexualidad emocional como conceptos que fueron amputados y que ahora nos toca reunificar. Venimos enfatizando que la sexualidad bajo la concepción actual es vista de una manera parcial, donde se prioriza el aspecto biológico y genital desde una visión hedonista y empobrecida. Desmitificamos la idea de que el sexo es un instinto sin el que no podemos vivir. Podemos vivir sin sexo, pero como no fuimos diseñados para vivir en soledad, por lo tanto no podemos vivir sin relaciones significativas, sin contacto con otros, sin afecto y cariño, esto es lo que está incluido en la parte más altruista y necesaria de la sexualidad. La sexualidad genital son las caricias del cuerpo y la sexualidad emocional son las caricias del alma. Por todo ello, y ya visto el flaco favor que nos ha hecho la historia, necesitamos redimir el concepto de sexualidad.

---

89. René Padilla, citado por Francisco Mira en clases de Consejería Pastoral Familiar del INFFA, www.institutoinffa.com

Es importante entender que el componente básico de la sexualidad emocional, que es la relación afectiva, también puede ser vivenciado desde la soltería o el celibato. Entendemos que la sexualidad incluye el sexo, así como el amor en su concepto pleno incluye la sexualidad. Entendemos asimismo que ningún ser humano puede vivir sin amor, aunque no todos participen del eros que lo compone, pero recordando que la parte biológica del eros tiene fecha de caducidad. Por otro lado, la parte emocional en su vertiente de "amabilidad", demostraciones de afecto y toque físico no sexual, *filia* y *ágape*, es una necesidad universal sin la que ningún ser humano puede vivir; es el lenguaje de la piel, el vínculo afectivo/emocional necesario para la supervivencia. Recordemos que cuando un bebé llora, no lo hace solo por alimento, cuando se alimenta del pecho de su madre también busca el calor de su cuerpo, su olor, los latidos de su corazón, es decir, el contacto que le provee sentido de protección y pertenencia. Nutrición y contacto son necesidades que acompañan al ser humano desde la cuna hasta la tumba. De este modo, la sexualidad genital va disminuyendo a medida que la sexualidad emocional va creciendo al alimentarse de la relación a lo largo de la vida; y así se consigue el fruto principal de la sexualidad, es decir, la intimidad, que se compone de dos palabras importantes en las que profundizaremos enseguida: "conocerse y ser una sola carne".

Podemos ver que lo que más nos interesa de la relación sexual no tiene que ver con sexo. Nos referimos a la dimensión emocional de la sexualidad como el alma de una sexualidad integral. La sexualidad emocional es la corona de la sexualidad genital, y seguimos enfatizando que incluye aspectos como la ternura, la expresión verbal de afectos y cariños. Incluye el abrazo cálido con la persona amada, la búsqueda de una relación de respeto donde el toque físico, el calor emocional y el lenguaje de la piel sean sus protagonistas. La sexualidad, por tanto, va más allá de la genitalidad. No debería ser necesario aclarar esto, pues al hablar de sexualidad tendríamos que entender que hablamos de cuerpo y alma, de genitalidad y espiritualidad, de *eros* y *ágape*, de deseo y ternura.

En una ocasión, una niña se despertó sobresaltada en la noche debido una pesadilla, y llorando llamó a su mamá. Cuando esta llegó la abrazó tiernamente y le dijo: "Hijita, no te preocupes, no tengas miedo, Dios está siempre contigo"; a lo que la niña respondió: "Lo sé mami, pero a veces necesito ver a Dios 'con piel sobre él'". Aquí hay algo muy profundo: el abrazo de la madre a la niña es el que todos necesitamos del otro en momentos de necesidad, es como decir "te quiero" sin palabras. Es un reflejo del abrazo del Padre, algo sagrado que viene del mismo corazón de Dios. También tiene que ver con la importancia de la bendición paterna en la cultura hebrea que implica validación, aceptación y aprobación.

En realidad, la iglesia cristiana es el Cuerpo de Cristo y, por lo tanto, "la piel de Dios" para otros. El abrazo y la bendición son un legado de la imagen de Dios directamente otorgados por Él como Padre, pertenecen a aspectos vitales de la sexualidad emocional que se debe buscar en la relación sexual de pareja. Sin embargo, también el abrazo y la bendición, es decir, la amabilidad, el ser amable (dejarse amar), el calor emocional y su expresión física, son patrimonio del ser humano, así como también privilegio de la Iglesia como "la piel de Dios". Por supuesto que esto también se vivencia en otros estados, como puede ser la soltería o el celibato. Es lo que suple la soledad para la que no fuimos diseñados. Por otro lado, y desde el aspecto biológico, al abrazar se segrega oxitocina, se libera serotonina y dopamina (hormonas relacionadas al placer), que nos elevan el ánimo y producen una sensación de bienestar que favorece el fortalecimiento del sistema inmunológico.

La Biblia, en toda la riqueza de sus matices lingüísticos, utiliza mayormente para el Antiguo Testamento tres palabras para referirse a la relación sexual en distintos contextos. Así, "acostarse con" o "dormir con" es utilizado para referirse a sexo ocasional, y casi siempre en contextos de adulterio o fornicación.[90] Cuando se usa el término "llegarse a" normalmente es utilizado para referirse a la relación sexual con fines de procreación";[91] y finalmente cuando se utiliza "conocerse", esta es la palabra más rica y profunda, utilizada también para referirse a la procreación pero en la plenitud de una relación estable de fidelidad, que le añade la riqueza del compromiso "en cuerpo y alma".[92] En un contexto general, el término hebreo para "conocer" proviene de la raíz hebrea *yadá*, que aparece más de 900 veces en la Biblia, y que aplicada a la relación de pareja implica "conocer" en un sentido muy íntimo y personal que va mucho más allá de la idea de poseer un conocimiento de algo en sentido intelectual o de simple información.

Por eso *yadá* implica un conocimiento profundo como uno de los ingredientes principales de la intimidad. Se trata de una experiencia de intercambio en aspectos íntimos y sentimentales, normalmente ligados a un proyecto común y a un pacto de fidelidad matrimonial. En un matrimonio tener sexo puede resultar fácil, pero llegar a tener *yadá* e intimidad es algo que lleva

---

90. Génesis 30.
91. Génesis 16:2.
92. Génesis 4:1.

tiempo, exige esfuerzo, y cuando se consigue podemos decir que hemos llegado a la plenitud de la relación sexual tal y como Dios la diseñó. Por eso *conocer, yadá,* va mucho más allá de una relación sexual puntual con tu pareja, no es *penetración* en el puro aspecto genital, es *compenetración* entre dos cuerpos, dos almas, dos historias: *Y estaban ambos desnudos, Adán y su mujer, y no se avergonzaban.*[93]

Este es el motivo por el cual el "amor libre" de la revolución sexual y el amor de cristal de la cultura líquida son expresiones muy pobres y alejadas de la sexualidad que Dios diseñó. Se trata de algo frágil que no dura mucho tiempo pues le falta profundidad y raíces, se utiliza el cuerpo y se ignora al dueño, por eso en muchas relaciones sexuales cuando se llega al orgasmo, después queda una sensación de distancia, de desconexión con la persona, de un uso y hasta de un abuso del cuerpo del otro. No hay intimidad, no hay vínculo, solo un uso egoísta y utilitarista del otro. Solo hay sexo hedonista pero no sexo *yadá.*

> *CONOCER, YADÁ,* VA MUCHO MÁS ALLÁ DE UNA RELACIÓN SEXUAL PUNTUAL CON TU PAREJA, NO ES *PENETRACIÓN* EN EL PURO ASPECTO GENITAL, ES *COMPENETRACIÓN* ENTRE DOS CUERPOS, DOS ALMAS, DOS HISTORIAS.

Ese conocer al otro, *yadá,* no es fácil de conseguir, dado que la sintonía y la armonía en la pareja no siempre se dan. Son muchos los desencuentros y las presiones personales, familiares

---

93. Génesis 2:25.

y laborales, y aun nuestra parte emocional inmadura que tiene tendencia a controlar las relaciones más íntimas, todo ello puede romper nuestra armonía relacional. Ese equilibrio que solo llega con el esfuerzo de los años, que se nutre de lo vivido y de lo sufrido, y que se expresa en gestos, actitudes, presencia, toque físico, encuentro, vínculo afectivo; son todos ingredientes del amplio concepto de la intimidad.

DESEO Y TERNURA: EN BUSCA DE LA INTIMIDAD PERDIDA

Ya estamos metidos de lleno en la parte más duradera y profunda de la sexualidad humana, estamos recuperando, después de tanta tergiversación y perversión, su vertiente auténtica, emocional y aún espiritual. La palabra intimidad viene del latín *intimus*, que significa recóndito, en el fondo de algo, en lo más interno y profundo. Se trata de la parte más privada del ser humano que no mostramos a cualquiera, pues expone nuestra desnudez en todo, nuestra vulnerabilidad. Por ello solo nos abrimos a nuestros seres más cercanos, en su grado mayor a nuestra pareja, pero también a la familia y a amigos de verdad.

"Serán una sola carne", "conocer: *yadá*" e "intimidad" son términos casi sinónimos. De hecho el concepto pleno de intimidad incluye conocerse y ser una sola carne. *Yadá* posee el matiz de la *profundidad*, y "serán una sola carne" el matiz de la *temporalidad*. Esto otorga peso y duración, no es amor de cristal frágil y fugaz. Hablamos de una intimidad que se nutre no solo del plano físico y emocional, sino también espiritual, pues recordemos que la espiritualidad implica el cuidado y el cultivo del ser integral (espíritu, alma y cuerpo). Es la manifestación plena de Génesis 2:25: *Y estaban ambos desnudos, Adán y su mujer, y no se avergonzaban*. Es ese nivel en la relación donde no hay secretos, donde se puede estar "desnudo" frente al otro, en el plano físico, emocional y espiritual, y sentirse en "tierra amiga"; sabiéndonos vulnerables en nuestras debilidades, pero aun así sintiéndonos respetados y aceptados en luces y sombras. Se trata de la intimidad como el fruto principal de la relación sexual y del compromiso matrimonial.

La riqueza de estos términos es muy profunda, pues la palabra hebrea para *uno* en "serán *una* sola carne" es *ejad*, que significa una unidad compuesta, lo que nos refuerza la idea de que unidad no implica uniformidad, por lo tanto el aspecto de la singularidad de cada uno permanece, no anula sino que completa. Esa unidad compuesta no es "ni tú ni yo", sino "nosotros". Es el principio bíblico de la complementariedad que excluye el "igualitarismo" que nos quieren vender desde la cultura *woke*. Es el amor del compromiso matrimonial donde no se pueden desligar los conceptos de *filia*, *eros* y *ágape*.

Intimidad es aquel componente del amor que te hace sentirte unido a la otra persona en lo más profundo de ti mismo. Se desarrolla en un ambiente de unidad, aceptación, cariño y ternura, pero también se nutre de desencuentros y rivalidad, que bajo el compromiso llevan a la reconciliación. Implica complicidad y privacidad, tener algo que es únicamente nuestro que podemos compartir con la otra persona sin reservas, mostrándonos tal cual somos, vulnerables y transparentes, con altos y bajos, donde podemos decir lo que pensamos sin miedo a sentirnos juzgados, acusados o amenazados.

Hablamos de la intimidad que surge de unir dos almas, dos corazones y dos vidas. De la intimidad que surge al trabajar la amistad en la relación, en un encuentro a nivel de emociones, afectos y voluntades. Es la sensación de pertenecerse el uno al otro, de formar parte del mismo equipo, de tener "una piel amiga", de estar en el mismo bando. A su vez, la intimidad nos hace vulnerables, muestra nuestra indefensión y debilidad, nos expone a la otra persona. Y tiene sus riesgos, pues implica sufrimiento,[94] pero al mismo tiempo es la prueba de un amor sólido, de una unidad inquebrantable, y es la única forma de alcanzar el concepto "del nosotros" en la pareja. ¿Fácil? No, pero ese es el camino.

Nunca olvidaré la hermosa historia de mis suegros Paco y Amalia, ellos pertenecieron a la generación de hierro, aquella generación que sacó a España de la pobreza, hombres y mujeres que sacrificaron sus vidas trabajando muy duro para llevar adelante a sus hijos y ofrecerles lo que ellos nunca tuvieron. Mi suegro, al que me gustaba llamar "abuelo" por su carácter entrañable y su afable sonrisa, era un hombre siempre dispuesto, enamorado de su Amalia, siempre atento a sus necesidades, pues mi suegra había tenido que pasar por más de veinte operaciones y su salud estaba muy quebrantada. Ella era una mujer excepcional, que a pesar de sus muchas dolencias siempre estuvo al servicio de los demás entregándose en cuerpo y alma. Ya en la última etapa de su vida "el abuelo" la cuidaba, le preparaba sus medicinas, la ayudaba a levantarse o a vestirse. Como decimos por aquí, "bebía los vientos por ella". Estuvieron juntos por 70 años, y cuando su querida Amalia falleció, a pesar de sus intentos por salir adelante, su vida había perdido el propósito principal. Era como un vagón que se había desprendido de la máquina del tren, y poco a poco se fue deteniendo hasta pararse. Solo duró cinco meses después del fallecimiento de su esposa. Hoy su memoria sigue viva y presente entre nosotros, recordándonos que hay

---

94. El "sufrir" es la primera característica del amor, y una de las últimas, mencionadas en 1 Corintios 13:4-8.

que seguir escribiendo nuestra historia "hasta que la muerte nos separe". De eso se trata también la intimidad.

Sí, unidad y fidelidad hasta que la muerte nos separe, eso es compromiso, eso es "quemar las naves". Cuenta la historia que cuando el conquistador Hernán Cortés llegó a las costas de lo que hoy es México, desembarcó a sus hombres y quemó las naves, cortando así toda posibilidad de que ante las dificultades de la conquista sus hombres cayeran en la tentación de embarcarse y regresar a España. Al quemar las naves solo les quedaba ir adelante y conquistar. En el pacto del compromiso matrimonial quemamos las naves, solo nos resta ir adelante y considerar las dificultades que vamos superando como las piedras naturales y necesarias en el camino de conquista hacia la intimidad.

Estamos viendo cómo la máxima expresión de la sexualidad implica toque físico no sexual, más ligado a ternura que a deseo. Y así nos estamos refiriendo a demostraciones de afecto, caricias, abrazos, besos, tan importantes y necesarios en la relación de pareja. A través del contacto físico no sexual también el cuerpo reacciona y genera una serie de químicos que liberan por todo el cuerpo una sensación de bienestar y seguridad, de sentirse aceptado, querido, todo eso forma parte del paquete de la intimidad. El contacto físico/afectivo es un poderoso antídoto contra la distancia emocional en la pareja, promoviendo esa sensación de unidad y de vínculo afectivo tan necesario en toda relación humana.

Asimismo la intimidad también implica toque físico sexual. El amor *eros* se manifiesta en la búsqueda del placer, debe centrarse en dar para también recibir, dar las caricias que excitan, los besos apasionados, los cuerpos que responden, el clímax del orgasmo donde deben mezclarse el deseo y la ternura, la pasión y la afectividad. Es cierto que no siempre se consigue la relación sexual en este grado de plenitud, pues lo pasional va disminuyendo, pero es la meta a perseguir. El problema es que la sociedad en la que vivimos potencia el elemento pasional y biológico de la relación sexual, olvidándose del soporte afectivo, pues pasión e intimidad son cosas muy distintas. Cuando encendemos una hoguera las llamas iniciales cobran altura enseguida y son espectaculares y vistosas, crepitan, y la intensidad del momento es intensa; sin embargo, el poder calorífico y la permanencia del fuego solo se producen una vez consumidas las llamas, y cuando quedan las brasas incandescentes ahí está la auténtica fortaleza de una hoguera. Las llamas corresponderían a la *pasión* que tiene fecha de caducidad, y las brasas a la *intimidad*, que es algo que permanece. La pasión tiene que ver con deseo, la intimidad con ternura.

Cuando hay un alto nivel de intimidad relacional, cuando la pareja se comunica, comparte, luchan juntos, disfrutan juntos, crecen juntos; entonces la sexualidad se vive en una dimensión más intensa y placentera, hay un blindaje matrimonial, y como consecuencia la intimidad se constituye en una barrera natural y espiritual para librarnos de las influencias y tentaciones sexuales del exterior.

Seguimos enfatizando que la intimidad es uno de los frutos principales del amor, pero al igual que el amor, son conceptos que se pueden describir, pero son difíciles de definir, y por tanto las ilustraciones nos ayudan, pues ya sabemos que "una imagen vale más que mil palabras". En realidad no es una ilustración, es mi propia historia. Cuando recién comenzaba a conocer a Dios de una forma más personal, como Padre,[95] pasé un año en el norte de Europa, en Bélgica. Allí tuve la oportunidad de vivir durante un año en un Seminario Bíblico, donde trabajaba de jardinero en mi proceso de recuperación de las drogas, mientras recibía un discipulado y las primeras enseñanzas de la Biblia. Recuerdo a una pareja de misioneros ya jubilados que vivían en un ala muy bonita del edificio. Su apartamento tenía unas hermosas vistas al campus, y dado que tenían tiempo y amor por los estudiantes, de vez en cuando los invitaban a cenar (incluido el jardinero).

Cuando traspasabas el umbral de aquel apartamento ocurría algo especial, te sentías inexplicablemente a gusto. Aquella pareja con tantos años de experiencia te contaba acerca de su vida, los muchos lugares por los que habían estado a lo largo de su labor de servicio, sus luchas, sus vivencias, sus recuerdos. De vez en cuando se acariciaban o se miraban con ternura, y al final, cuando te despedían, salías con una sensación de bienestar y armonía. Poco después ella falleció y el señor Moreland decidió regresar a Estados Unidos. Al año siguiente todos los estudiantes querían solicitar el apartamento que los misioneros habían dejado libre (¡incluido el jardinero!), pensando que su ubicación y las hermosas vistas era lo que daba al lugar aquel ambiente de paz y armonía que se respiraba. ¡Qué ilusos éramos!

Solo fue algunos años después cuando me di cuenta de que lo que hacía especial aquel lugar era el nivel de intimidad que los Moreland habían conseguido a lo largo de toda una vida juntos. La unidad, reforzada por una vida de experiencias y de amor demostrado y compartido, había dado a luz a la intimidad. Y dado que las bendiciones de Dios *no abundan* (cuando abundan son para ti,

---

95. Mi testimonio de conversión a Dios está detallado en mi anterior libro *Mundo volátil*.

tú las recibes y te llenas), sino que *sobreabundan* (desbordan y se hacen evidentes para otros), nosotros las experimentábamos sin saber muy bien de qué se trataba. Aquellos que tuvimos el privilegio de compartir sus vidas fuimos impactados por el concepto que a Dios más le interesa resaltar como uno de los ingredientes principales del amor y las relaciones humanas: la intimidad.

Aquellos viejitos se tomaban de la mano, y cuando se acariciaban tiernamente, era la sexualidad en su componente eterno, el lenguaje de la piel en su máxima expresión. El sexo con los años va desapareciendo; por el contrario, la sexualidad se fortalece con el paso del tiempo porque llega a despojarse de lo superficial para brillar con su luz más intensa que se llama intimidad. Por ello, si en tu relación de pareja existen impedimentos físicos para la sexualidad en su vertiente genital, si eres mayor o anciano, no te lamentes por haber perdido el vigor, la capacidad o el deseo sexual, porque eso formó parte de los primeros estadios de la sexualidad ligados a la reproducción y a la recreación. Pero ahora navegas más profundo, recuerda que el fruto principal de la sexualidad y el amor conyugal se llama *intimidad*, y es un producto sin fecha de caducidad, pues dura "hasta que la muerte nos separe".

Se trata de una intimidad que habla no solo de lo vivido, sino también de lo proyectado. Es una intimidad que al traspasar nuestra historia, donde intencionalmente *invertimos* en nuestros hijos, familia o amigos, también inconscientemente *influenciamos* a nuestro entorno con nuestro ejemplo de vida. Entonces la intimidad se convierte en algo poderoso que nos rebasa y se extiende hacia el linaje y el legado generacional. La intimidad construye legado, y la mejor herencia a la que podemos aspirar es una vida llena de recuerdos, de vivencias, de momentos intensos que añaden riqueza a nuestro pasado y significado a toda nuestra vida. También proyecta un futuro de esperanza en el que dejas a los tuyos los valores y principios de tu propia experiencia. Esto nos habla de que el capital, la auténtica riqueza de un ser humano, no está en las posesiones, está en las relaciones, pues lo importante no es el valor de tus riquezas, sino la riqueza de tus valores. Esta es la verdadera y profunda dimensión de la sexualidad tal como Dios la diseñó para nuestro disfrute y bienestar.

> **RECUERDA QUE EL FRUTO PRINCIPAL DE LA SEXUALIDAD Y EL AMOR CONYUGAL SE LLAMA *INTIMIDAD*, Y ES UN PRODUCTO SIN FECHA DE CADUCIDAD, PUES DURA "HASTA QUE LA MUERTE NOS SEPARE".**

Y así, con el paso de los años, impulsados por la búsqueda de un placer superior, el amor *filia* y el amor *eros* se van completando hacia el amor *ágape*, donde el deseo y la pasión se van convirtiendo en ternura y afecto. Ahora la sexualidad brilla con luz propia, y como si de la lámpara de Aladino se tratara, al limpiarla, al despojarla de toda suciedad, al frotarla, revela su verdadero genio, que prisionero de la historia, al ser liberado, con gozo te concede un único deseo mientras te susurra al oído:

Te otorgo *intimidad*.

Porque este Dios es Dios nuestro eternamente y para siempre;
Él nos guiará aun más allá de la muerte.
(Salmos 48:14)

2

CARTERA DE RECURSOS Y MATERIAL DE APOYO

A continuación te presento toda una serie de guías, manuales y recursos en línea para que los padres, los hijos, los pastores y líderes eclesiales, y toda persona interesada/afectada pueda conocer, buscar ayuda, aplicarlos, y presentar un frente con herramientas prácticas de toda la corriente de una sexualidad fracturada. Los códigos QR permiten el acceso rápido a mucho material que se puede descargar y utilizar a discreción. Se presentan pautas para padres, guías sobre el correcto uso de las redes sociales, la importancia de la educación digital familiar, las *apps* con bloqueadores de pornografía más usados, gabinetes de psicología especializados en sexualidad para la posibilidad de terapias en línea, grupos de restauración sexual, así como videos ilustrativos sobre aspectos como el *sexting*, el *grooming*, el efecto de una sexualidad pervertida a nivel cerebral, etc.

HIPERSEXUALIZACIÓN, LA PANDEMIA DE LOS ADOLESCENTES

EDUCACIÓN SEXUAL Y RECURSOS PARA PADRES Y USUARIOS EN GENERAL

MANUAL DE BUENAS PRÁCTICAS EN EL USO DE LAS REDES SOCIALES

GUÍAS PARA LA FAMILIA SOBRE LA HIPERSEXUALIZACIÓN EN LA INFANCIA

Commom Sense: se trata de una plataforma estadounidense creada para ayudar a los padres a educar a sus hijos en el mundo digital con un enfoque positivo.

Interaxion Group: es una plataforma educativa basada en contenido dirigido a los padres y educadores sobre el correcto uso de las rede sociales entre los adolescentes.

Empantallados.com: es una página sobre el buen uso de las redes sociales a nivel familiar, con grandes recursos y muy bien planificada.

Ciberseguridad en familia: recursos y material didáctico para la formación de docentes y alumnado sobre el uso responsable de internet.

Proyecto Alexia enséñanos: prevención del abuso sexual infantil.

Guía para la educación sexual en la infancia: se trata de una aplicación cristiana con libros y revistas infantiles para educar a los niños.

Pornografía y pureza sexual: una guía bíblica sobre la integridad sexual.

Guía para familias: recursos para padres sobre adolescencia y pornografía.

BLOQUEADORES DE PORNOGRAFÍA, APPS DE CONTROL PARENTAL

El uso normalizado de dispositivos electrónicos genera que los padres tengan que estar actualizados para procurar ir por delante de sus hijos, con el objetivo de ayudarlos a gestionar su uso y protegerlos. Por ello es necesario y prudente conocer algunas de las mejores *apps* gratuitas para reforzar el control parental de forma efectiva. Ya sea para evitar que los pequeños se enganchen a determinadas aplicaciones o a exposición de contenidos inapropiados, las siguientes *apps* son una excelente herramienta de ayuda para los padres y líderes de iglesia en general. Muchas de estas *apps* son recomendadas también para ser usadas por adultos.

1. MSPY

Es una *app* móvil diseñada para monitorear a nuestros hijos fácilmente mediante una instalación rápida, interfaz sencilla y herramientas que nos permiten supervisar más de una decena de actividades, incluyendo ser notificados por cada toque de la pantalla, lectura de chats en redes sociales, ubicación en tiempo real e historial, monitoreo de llamadas y de búsquedas por Internet.

2. KIDS PLACE

Restringe el modo en el que los niños utilizan el teléfono, mostrando solo las aplicaciones programadas para su uso. Además se puede monitorizar el uso que tu hijo hace del móvil. Tanto para acceder como para salir de la aplicación hay un número pin que solo deben conocer los padres.

3. QUSTODIO

Esta aplicación permite controlar todo lo que hace tu hijo desde el móvil, la computadora u otros dispositivos. También tiene la opción de limitar el uso diario y de establecer bloqueos en aplicaciones y juegos. Se trata de una *app* muy eficaz a la hora de determinar el uso que el menor hace de las redes sociales. Hasta dispone de geolocalizador. Guarda el historial un mes e incluye un botón del pánico para contactar con los padres rápidamente si se necesita. Apropiado para cualquier usuario.

4. CONFIDANT

Es una aplicación que te permitirá cuidar de tu familia a través de un dispositivo móvil (teléfono, tablet o *smartwatch*). Podrás localizar el dispositivo, y ante cualquier emergencia, conectar con su cámara y su micro para saber lo que sucede a su alrededor. Con un solo toque sabrás en tiempo real dónde está la persona gracias a la localización del GPS.

5. NORTON FAMILY

Este *software* de vigilancia informa a los padres acerca de lo que sus hijos bajan de la red y de las páginas que visitan. Se puede bloquear el acceso a determinados contenidos y el programa avisa cada vez que el niño intenta entrar en alguno de los sitios prohibidos. De este modo los padres pueden hablar con él si lo estiman oportuno. También permite monitorizar varias actividades de distintos miembros de la familia al mismo tiempo.

6. KASPERSKY SAFE KIDS

La versión gratuita de esta aplicación permite bloquear sitios y contenidos dañinos, bloquear solicitudes de búsqueda incorrectas en YouTube, administrar el uso de aplicaciones, establecer límites de tiempo frente a la pantalla y obtener consejos de psicólogos infantiles.

7. BULLDOG BLOCKER

Para cualquier usuario. Bloquea *apps* pornográficas gratis. No consume muchos recursos, así que puede ser instalado en casi cualquier Android. Sus creadores son cristianos, por lo que incluye mensajes de aliento muy apropiados.

RESUMEN DE LOS 8 BLOQUEADORES DE PORNO MÁS USADOS

GRUPOS DE APOYO Y CONSULTORIOS DE PSICOLOGÍA ESPECIALIZADOS EN SEXUALIDAD

GRUPOS DE APOYO

YaBasta: ofrece programas para la libertad de la inmoralidad sexual, así como programas de prevención y de sanidad emocional para víctimas de abuso sexual infantil.

Libres en Cristo: ofrece cursos personalizados para hombres y mujeres que luchan con el abuso y la adicción sexual.

Fight the new drug: educa sobre los efectos nocivos de la pornografía y ofrece artículos y videos para luchar contra esta lacra.

Purity Groups: ofrece estudios y grupos de pureza sexual a las iglesias y organizaciones cristianas, para que sepan cómo organizar y establecer pequeños grupos de responsabilización en esta área.

Ministerio Restauración Argentina: el ministerio Restauración provee ayuda y apoyo a las personas que luchan con problemas emocionales, relacionales y sexuales. Su fundamento bíblico está basado en la compasión, la integridad y la dependencia de Dios.

Exodus Latinoamérica: ministerio internacional cuyo principal objetivo es motivar, ayudar y capacitar al liderazgo de las iglesias locales para que acompañen pastoralmente, discipulen y brinden asesoramiento espiritual con mayor eficacia a personas afectadas por quebrantamiento sexual y relacional.

Sexólicos Anónimos: es una comunidad de hombres y mujeres que comparten el objetivo de ayudar a otros a recuperarse de la lujuria y alcanzar la sobriedad sexual. Como programa sigue los mismos principios que Alcohólicos Anónimos.

Ministerio OFF!: es un ministerio interdenominacional que existe para liberar a la Iglesia de la pornografía. Realiza talleres y conferencias para concienciar, provee de acompañamiento personal para adictos en recuperación y brinda herramientas al liderazgo local y a los padres.

Pure Desire: es una organización que a través de Jesucristo ofrece libertad y sanación del quebrantamiento sexual y el trauma de la traición. Desarrollan una estrategia basada en la Biblia y en la experiencia clínica con el propósito de facilitar un cambio duradero en las personas. Ofrece grupos apoyo y terapia personal.

Ministerio Romanos 6: se trata de un ministerio cristiano interdenominacional, el cual brinda su apoyo a todas aquellas personas que luchan con la Atracción al Mismo Sexo Indeseada (AMSI). El trabajo y los avances que desarrolla este ministerio son posibles a través de grupos de apoyo, los cuales se conforman con un promedio de ocho personas.

Zapatos Nuevos: es un ministerio de sanidad y restauración en el área del quebrantamiento sexual y relacional.

CONSULTORIOS DE PSICOLOGÍA ESPECIALIZADOS EN SEXUALIDAD

(DISFUNCIONES, ADICCIONES, TERAPIA)

ASOCIACIÓN INTERNACIONAL DE PSICÓLOGOS CRISTIANOS

CONSULTORIO DE PSICOLOGÍA LIDIA MARTÍN

CONSULTORIO DE PSICOLOGÍA KARI CLEWETT

CONSULTORIO DE PSICOLOGÍA PSICONEXE, JONATAN SERRANO

HEART TO HEART USA

ENFOQUE A LA FAMILIA COSTA RICA

FORMACIÓN EN LÍNEA SOBRE SEXUALIDAD

Instituto de Formación Familiar INFFA: cursos sobre sexualidad y prevención de la pornografía (en colaboración con el ministerio OFF); cursos de consejería familiar.

Instituto de la Pareja: másters y cursos en sexualidad; terapia de pareja.

Universidad de Navarra: diploma de Experto en Afectividad y Sexualidad.

Escuela de Neurociencias Virtual: cursos sobre adicciones basados en la neurociencia.

Sexualidad con sentido: cursos en línea sobre sexualidad.

VIDEOS EN YOUTUBE

HIPERSEXUALIZACIÓN EN REDES SOCIALES

LA BIBLIA Y LA SANTIDAD DEL SEXO

EL PORNO Y SU EFECTO EN EL CEREBRO

LA NEUROCIENCIA

EL SEXTING, EL GROOMING Y COMO PREVENIRLOS

EDUCACIÓN DIGITAL EN FAMILIA

PREVENCIÓN ABUSO SEXUAL INFANTIL

BIBLIOGRAFÍA

- Allberry, S. (2021) *¿Por qué le importa a Dios con quien me acuesto?* Barcelona. CLIE.

- Bustos, G. (2021) *La verdad sobre la pornografía.* Argentina. Cedro del Líbano.

- Clewett, K. (2024) *El buen sexo.* Barcelona. Andamio.

- Del Castillo, F. (2008) *Amor, comunicación, sexualidad humana.* Madrid. Reproconsulting,

- Errasti, J., Pérez, M. (2022) *Nadie nace en un cuerpo equivocado.* Barcelona. Deusto.

- Frigerio, A. (2024) *El enigma de la sexualidad humana.* Madrid. BAC.

- Focault, M. (1977) *Historia de la sexualidad 1.* México. Siglo XXI Editores.

- Fuchs, E. (1995) *Deseo y Ternura.* Ginebra. Desclée De Brouwer.

- Hanley, J. (2012) *Sexo y Deseo*. España. Andamio.

- Laaser, M. (2005). *Cómo sanar las heridas de la adicción sexual*. Miami. VIDA.

- Laje, A. (2023) *Generación idiota*. México. Harper Collins.

- Leman K. (2004) *Música entre las sábanas*. Miami. UNILIT.

- Mira, F. (2005) *Sexo y Dios*. Barcelona. Andamio.

- Núñez, M. (2018) *Revolución sexual*. Nashville. B&H.

- Penner, C. (1998) *El hombre y la sexualidad*. Nashville. Betania.

- Plans, A. (2020) *Respeta mi sexualidad*. España. Nueva Eva.

- Polaino, A. (1992) *Sexo y Cultura*. Madrid. RIALP.

- Tripp, P. (2019) *Sexo en un mundo quebrantado*. Nashville. B&H.

- Trueman, C. (2022) *El origen y el triunfo del ego moderno*. Nashville. B&H.

- Rubio, A. (2016) *Cuando os prohibieron ser mujeres y os persiguieron por ser hombres*. Madrid. Lafactoria.pub

- Varela, J. (2024) *Mundo volátil*. Barcelona. Whitaker House.

- White, J. (1999) *Hacia la sanidad sexual*. Argentina. Certeza.

- Weiss, D. (2003) *El Sexo, los Hombres y Dios*. Florida. Casa Creación.

INFFA
Instituto de Formación Familiar
www.institutoinffa.com

MINISTERIO JUAN VARELA: CONFERENCIAS, RECURSOS, MATERIAL GRATUITO PARA DESCARGAR. CONTACTO.